KRYZYS WIEKU PIĘKNEGO

EVE SIKORA

Edycja: Joanna Sosnówka
Redaktor prowadzący: Katarzyna Małgorzata Skowrońska
Korekta: Patrycja Figlarska
Projekt okładki i opracowanie graficzne: Wojciech Kołakowski
Ilustracje: Anna Gajowniczek
Skład: Wojciech Kołakowski

ISBN: 9788396928153

Limitless Mind Publishing Ltd
15 Carleton Road
Chichester
PO19 3NX
England
Tel. +44 7747761146
Email: office@limitlessmindpublishing.com

Drogi Czytelniku!

Znajdź nas na **Facebook/Instagram***:*
limitless mind publishing

Odwiedź naszą stronę na **Amazon**
wpisując w wyszukiwarkę limitless mind publishing
lub skanując kod, aby zobaczyć nasze inne pozycje.

♥*Będziemy bardzo wdzięczni za Twoją opinię na temat książki. To znaczy dla nas wiele.*

Najbliższej mi osobie
- sobie

List do Ciebie

Postanowiłam napisać do Ciebie, do kobiety. Ta książka ma formę listu. Poczułam, że tak będzie mi łatwiej układać słowa. Piszę więc do Ciebie, kobieto. Piszę o sobie i o swoich doświadczeniach w pracy z ludźmi. Będę mieszać życie osobiste z zawodowym, bo jest ono u mnie pomieszane. Inaczej być nie może. Nie da się być terapeutą i nie być człowiekiem. Niestety to spore obciążenie i ogromne wyzwanie życiowe: być terapeutą i radzić sobie we własnym życiu. Niektórzy myślą (nie wiem czemu), że terapeuci mają łatwiej, że są jakoś doskonali w dziedzinie własnej psychiki, że radzą sobie ze wszystkim świetnie. Otóż jeśli myślisz, że tak jest, to pragnę Cię z tego błędu wyprowadzić. Bycie terapeutą i człowiekiem czasem jest trudniejsze niż bycie tylko człowiekiem. Może piszę do Ciebie kobieto-terapeutko?

Te słowa kieruje do Ciebie kobieta zwykła, matka trzech synów; już nie żona, tylko kobieta, po prostu. Pisze do Ciebie kobieta, która boryka się z podobnymi do Twoich problemami. Może już jestem nieco dalej na mojej ścieżce poznawania siebie, może już niektóre sprawy mam za sobą. Są jeszcze we mnie trudne rejony, są w moim życiu ciężkie chwile. Nie wiem, czy mniej ich jest, może jakieś takie lżejsze nieco w odczuwaniu, może więcej nadziei mam na to, że wszystko idzie w dobrym kierunku. Wiem, że to niekończąca się droga. Nie nabyłam mądrości życiowej, niestety, ale za to nabieram wiary w to, że nie jestem tak do końca do niczego. Nie rozpadam się już na kawałeczki, gdy życie poddaje mnie próbom ogniowym. Nie poddaję się. Czuję się cała. I to jest nowe, dlatego odważyłam się do Ciebie napisać. Pomyślałam, że też byś tak chciała – czuć się w głębi serca cała. Cała, czyli taka pełna, spójna wewnętrznie, silna. Taka cała, że niczego mi nie brakuje. Mam garść myśli pokrzepiających; mam pomysły na działanie; mam wiarę w ludzi; dużą energię życiową i nadal pogodnie patrzę na świat.

Jeśli choć przez chwilę poczujesz, że nie jesteś sama, że jest jeszcze ktoś, kto podobnie jak Ty myśli i czuje, to będzie moja nagroda za trud, jaki włożyłam w napisanie tych słów. Poczułam misję, aby przydać się komuś z całym moim umysłem, twórczym spojrzeniem i sposobem bycia. Misję, aby przydać się Tobie. I oczywiście nie powiem Ci, co masz zrobić ze swoim życiem, ale może zainspiruję Cię do tego, żebyś zaczęła chętniej żyć pełnią swojego życia.

List ten pisałam, będąc w kryzysie i podczas wychodzenia z niego. Pomagałam sobie tym pisaniem. Najpierw pisałam do siebie, potem nieśmiało pomyślałam, że może to się komuś przyda, że to, co czuję, jest uniwersalne. Postanowiłam zapisać moje pomysły. Najpierw przyszły tytuły rozdziałów, które mnożyły się w mojej głowie, nie wiedziałam, skąd się biorą i po prostu je zapisałam. Kiedy przyszły do mnie moje bliskie koleżanki, przeczytałam im te tytuły, a one zgodnym chórem mówiły: Pisz! Musisz to napisać! To ważne, co masz do powiedzenia! Kobiety tego potrzebują! I, chyba na drugi dzień po tym spotkaniu, zaczęłam pisać. To było niesamowite. Samo się pisało. Myśli same się układały w zdania. Pisałam codziennie przez jeden miesiąc. Byłam jak w transie. Pisząc, przeszłam cały cykl księżycowy. Pisałam do Ciebie z całego mojego serca. Czasem kładłam się spać, nie wiedząc, o czym napiszę następnego dnia, a rano budziłam się zainspirowana snem lub pomysłem. Czasem wybudzałam się w nocy i zapisywałam jakieś ważne myśli lub pomysły na kolejne rozdziały. Nie da się tego opisać. Czułam się jak medium , jak pośrednik. Czułam, że muszę pisać i wiedziałam co. Takie flow w pełnym wydaniu. Miałam oczywiście przy tym wiele frajdy i wzruszeń. W międzyczasie życie toczyło się normalnie — chodziłam do pracy, zajmowałam się dziećmi, domem itd.

Wykonałam kawał roboty dla siebie. Dla siebie odkrywałam ważne rejony. Wykonywałam zadania, które zaproponowałam też Tobie. Przechodziłam swój Kryzys Wieku Pięknego, a teraz proponuję przejście tej samej ścieżki Tobie.

Nie podobała mi się nigdy nazwa: kryzys wieku średniego, dlatego stworzyłam nową, swoją, taką bardziej przyjazną w odbiorze. Stąd tytuł książki Kryzys Wieku Pięknego. Może nawet okaże się on ciekawym pomysłem na zmianę tego terminu na lepszy. Książka nie jest tylko dla kobiet w kryzysie wieku średniego. Jest dla kobiet, które przechodzą jakikolwiek kryzys; pogubiły się w życiu; potrzebują jakiejś większej zmiany życiowej. Wiek tu nie gra roli. To książka dla kobiet, które mają w życiu czasem pod górkę. To także książka profilaktyczna, zapobiegająca poważnym problemom psychicznym przy pojawianiu się kryzysów. Bo kryzysy dotykają wszystkich, ale nie wszyscy wychodzą z nich cało. Może to też być książka dla mężczyzn, którzy chcą poznać świat kobiecej psychiki, a może i dla siebie przy okazji z czegoś skorzystać. Zapraszam i Was!

W książce pojawiają się momenty, w których warto się zatrzymać i wykonać zadanie. Można je robić w zwykłym zeszycie lub w zeszycie specjalnie do tego przeze mnie przygotowanym. Nazwałam go Zeszyt Anty–Kryzysowy. Jeśli zechcesz go używać, to dla ułatwienia, umieściłam w tekście odnośniki do wszystkich zadań (przypisy). Proponuję robienie tych zadań na bieżąco, podczas czytania książki.

Można też zrobić te zadania po przeczytaniu całości (i tu, ostrzegam, może być trudniej, bo niełatwo wracać do czegoś, co już się skończyło). Wybór należy do Ciebie. Możesz też zadań nie robić, a wrócić do książki, kiedy będzie Ci bardziej potrzebna (na przykład w jakimś trudnym dla Ciebie momencie życia, który dopiero nastąpi). Oczywiście nikomu nie życzę, żeby miał kryzys, ale znam życie i wiem niestety, że trudności życiowe są dość powszechne i zdarzają się każdemu, w mniejszym lub większym stopniu.

Życzę dobrej lektury i owocnej pracy!

A gdybyś mnie chciała/chciał zobaczyć i posłuchać zapraszam na kanał YouTube: Sikorka Flow. Tam mówię o życiu i dzielę się tym, jak myślę i czuję.

Serdeczności!

Kryzys Wieku Pięknego

Nie lubię tego sformułowania: kryzys wieku średniego – to nie brzmi dobrze, nie brzmi obiecująco. Brzmi, jakby coś z Tobą było nie tak. Jeśli go masz, to znaczy, że zapadłaś na jakąś chorobę, rzadką chorobę i powinnaś się wstydzić. Dopadł Cię – jesteś trafiona, chora, nie taka. Nie powinien Cię dopaść. Powinnaś życie przejść bez niego – kryzys wieku średniego jest zły! Mężczyźni w tym czasie wymieniają żony na młodsze, samochody na droższe. Zaczynają biegać, jakby chcieli przegonić swój czas, dogonić swoją młodość. Śmieją się ludzie z takich mężczyzn. Kobiety zaczynają chodzić na fitness, robią operacje plastyczne, szukają kochanków (też młodszych?), gnuśnieją, tyją, chudną, więcej marudzą, płaczą, bo chcą być młodsze i piękniejsze. Śmieje się świat z takich kobiet. Dlatego nikt nie chce mieć kryzysu wieku średniego, bo to porażka, bo to...

No bo co powiedzieć światu? Że mnie dopadło, a kiedyś się z takich ludzi śmiałam? Że nie wiem co się ze mną dzieje, ale chyba to jest to? Jak to brzmi?! Kto mi coś tu doradzi? Co tu doradzić? Kto wie? Co tu doradzić? Jak przejść taki kryzys? I czy to rzeczywiście on???

Czy w ogóle dopadł Cię kryzys? A może przyszedł do Ciebie?

Ja go dla siebie nazwałam Kryzysem Wieku Pięknego. Nazwa pojawiła się w mojej głowie ze złości na poprzednie określenie i jako odpowiedź na to, jak mam nazwać coś, co się ze mną dzieje.

Kryzys – to trudny czas. Czas przemian, wyzwań, trudności i nadziei.

Wiek – każdy jest coraz starszy, każdego dnia, każdego to dopada, czas, przemijanie, nabieranie lat (i mądrości też?)

Piękno – to czas poszukiwania piękna tego świata, siebie i tego niepowtarzalnego czasu, który mija. To próba zatrzymania chwili, docenienia tego, co jest.

Kryzys Wieku Pięknego to czas zagubienia sensu życia i pomysłu na siebie. Jest to czas poszukiwania drogi (często nowej) w głąb samego siebie. Kryzys Wieku Pięknego to trudny czas poszukiwania piękna. To czas na zatrzymanie się i zajrzenie wewnątrz siebie. To zgoda na zmiany. To bolesny czas. To piękny czas. Kryzys Wieku Pięknego to kryzys egzystencjalny, kryzys sensu życia dotychczasowego, wizji przyszłości oraz sensu życia w ogóle.

Jednak Ty może nie masz Kryzysu Wieku Pięknego? Może masz kryzys w średnim wieku? Jakiś kryzys? Masz poważny problem i jesteś nie całkiem młoda? Jesteś jak w piosence Agnieszki Osieckiej „na zakręcie"? Jak zwał, tak zwał. Z kryzysów się wychodzi, kryzysy mogą być potrzebne.

Jestem kobietą, Ty jesteś kobietą. Pogadamy o Kryzysie Wieku Pięknego u Kobiet? KWP? To prawie jak KPW? (czyli – kompletny poziom wiedzy, hi hi hi…).

Kiedy życie zaczyna boleć

To się zaczyna od bólu. Na początku był ból. Wydaje się, że bezsensowny... A ból porodowy jest sensowny? Nie mnie to oceniać, ale wiem, że jest. W mojej duszy też jest ból. I bez niego nie byłoby mnie.

Zaczęło mnie boleć zwykłe, codzienne życie, takie, które kiedyś mnie cieszyło. Z tego bólu wiele się urodziło, jak to bywa z bólem porodowym... Zauważyłam to jednak dopiero później. Po jakimś dłuższym czasie dostrzegłam jego sens. Teraz go widzę, ale wtedy nie widziałam. Wtedy płakałam i sama nie wiedziałam czasem, dlaczego płaczę. Czasem wiedziałam. W moje życie wewnętrzne wkradł się chaos. Świat, który wcześniej misternie tworzyłam, przestał mi się podobać. Styl życia, jaki przez ostatnie dwadzieścia lat prowadziłam, przestał mi się podobać. Przestało mnie cieszyć to, co kiedyś cieszyło; przestałam kochać to, co kiedyś kochałam.

Z tego bólu zrodziłam się ja. Teraz to wiem i jestem za to wdzięczna. Mam nadzieję, że z Twojego bólu zrodzisz się Ty.

Mnie nikt nie powiedział, co mi jest. Gdy mówiłam, że mam kryzys wieku średniego to znajomi dziwnie na mnie patrzyli. Takie oczy duże robili, lekko się uśmiechali, czasem niemal niedostrzegalnie albo z zakłopotaniem. Usłyszeli frazes, który i dla nich chyba niewiele znaczył. Uśmiechali się, może do wizji mężczyzny w swojej głowie, tego z młodszą kobietą i młodszym samochodem. Nie wiedzieli, co powiedzieć. Bo, co to znaczy, że kobieta ma kryzys wieku średniego? Kto to wie? Jak się u niej naprawdę objawia? Jak go leczyć? Nie znalazłam książki o takim kryzysie u kobiet. Przeczytałam kilkadziesiąt około kryzysowych, psychologicznych i życiowych książek i z tego wyczarowałam nową siebie. Nie ma o tym książki? Zadziwiające! Pomyślałam, że podzielę się z Tobą tym, co przeżyłam, może to dla Ciebie będzie pomocna historia. Może będę dla Ciebie inspiracją? Wiem, że

Twoja historia jest inna, Twoje problemy dotyczą innych spraw. Możliwe, że wspólnie uchwycimy ich sedno...

Porozmawiamy o naszym pięknym kryzysie?

Może jesteś na początku drogi, może w trakcie... U Ciebie teraz nie jest pięknie? Ja już jestem gdzie indziej. Już, z nieco innej perspektywy, patrzę na swoje przeżycia, dlatego mam odwagę pisać do Ciebie.

Po części będzie to streszczenie nabytej wiedzy ze wskazówkami, gdzie jej szukać i ją zgłębiać. Po części będzie to moja historia z własnej, dzisiejszej perspektywy (plus zapiski z tamtego bolesnego czasu), a po części to będzie o Tobie, kobiecie współczesnej, która zmaga się sama ze sobą, która szuka, pyta, ma swoje potrzeby, czeka, cierpi, myśli...

Kiedy ktoś pisze... do Ciebie List

Kobieto zagubiona! Piszę do Ciebie list w formie książki. Jestem taka jak Ty. Ulepiona z tej samej gliny. Mamy taką samą budowę, strukturę mózgu, takie same hormony. Może nieco inne kształty, może nieco inne włosy. Żyjemy w tym samym świecie. Obie urodziłyśmy się na tej Ziemi we współczesnych czasach. W czasach kompletnego chaosu informacyjnego, dużej odległości od natury. W czasach niepewności, przetworzonej żywności, telewizji, Internetu, samochodów, samolotów i wielkich miast. Jesteśmy takie malutkie w całym tym świecie, takie kruche i wrażliwe. Piszę do Ciebie ten list, żebyś poczuła, że nie jesteś sama... żebyś wiedziała, że zawsze masz siebie!

Hej, jestem Eve. Eve to wigilia, przeddzień. Nawet się urodziłam jakby w przeddzień, dokładnie o godzinie 0:00. Nieźle trafiłam! Jestem wyjątkowa i niepowtarzalna jak Wigilia. Urodziłam się, by żyć. Po coś jeszcze? Może po to, żeby napisać do Ciebie list? Może jestem tu jeszcze po coś? Odkrywam odpowiedź na to pytanie każdego dnia. Czasem żyję i nawet nie pamiętam tego, że żyję, że jestem. A przecież jestem. Tak jak i Ty. Jesteś! Jesteśmy! Czy wiesz już, że Ty także jesteś wyjątkowa i niepowtarzalna? Nie? Nikt Ci tego nie powiedział? Hi hi hi... Zastanów się. Nikt nie musi Ci tego mówić, przecież jesteś jedna Ty, nie ma takiej drugiej. Jesteś nie do podrobienia, nie da się Ciebie do niczego porównać. Jesteś unikatowa i oryginalna – nawet jeśli tego nie wiesz.

Skoro czytasz te słowa, to pewnie jesteś kobietą, która się pogubiła. Kobietą, która przeżywa kryzys; która poszukuje odpowiedzi na swoje pytania, która cierpi. Prawdopodobnie masz więcej niż 30 lat lub jesteś koło 40-stki, może masz mniej. W sumie tu dokładny wiek nie gra roli, bo Kryzys Wieku Pięknego mógł Cię ogarnąć wcześniej, bo lubisz być świadoma, bo myślisz, bo wyprzedzasz fakty w myślach. Możesz też mieć dużo więcej lat i zmagasz się z czymś – na przykład, z tym że kryzys masz w sobie nierozwiązany od kilkunastu czy kilkudziesięciu lat i nosisz w sobie wielki, długo skrywany ból. W każdym razie jesteś na pewno w wieku dla siebie najwłaściwszym, czyli pięknym!

Jeśli jesteś kobietą, która zagłuszała jakiś czas siebie, swój ból, swój kryzys alkoholem, narkotykami czy innym uzależnieniem, zacznij od terapii uzależnienia, bo to teraz najważniejsze. Potem będzie czas na wszystko inne – odłóż tę książkę i wróć do niej trzeźwa i po leczeniu. Będzie na Ciebie czekała jako nagroda za ciężką pracę podczas wychodzenia z nałogu. Teraz nie ma sensu, żebyś ją czytała, bo będąc w aktywnym nałogu, tylko pogorszysz swoją sytuację, a treści w niej zawarte pogłębią Twój ból. Jeśli jesteś partnerką osoby czynnie uzależnionej – to także najpierw się zajmij tym problemem. Jeśli w dzieciństwie przeżyłaś dużo bardzo trudnych rzeczy, traum – udaj się najpierw do terapeuty.

Jeśli jesteś mężczyzną zainteresowanym światem wewnętrznym kobiet, chcesz go poczuć, lepiej zrozumieć lub chcesz pomóc w trudnych zmaganiach swojej kobiecie – to czytaj dalej, zapraszam. Może i Ty coś tu znajdziesz dla siebie cennego. Mam nadzieję, że piszę także dla mężczyzn i zrozumiałym dla Was językiem. Bo w sumie i w gruncie rzeczy, jesteśmy do siebie bardzo podobni!

Kiedy dotarłaś do ściany

Czujesz się jak w sytuacji bez wyjścia? Czujesz, że dotarłaś do ściany? Walisz głową i nic? Oj, boli głowa! Boli Cię czasem głowa bardzo mocno? Masz mega migreny? To może być znak, że jesteś w wewnętrznym więzieniu, że zamknęłaś się od środka i szarpiesz za drzwiczki klatki. Klucz miałaś i zgubiłaś? Nie miałaś i nie masz? Ktoś Ci ukradł? Nie ma klucza? Jest jakiś zamek na szyfr? Nie znasz kodu? Cholera!

Uwaga! Klucz jest w Twoim sercu! Poważnie! Na dnie, może gdzieś bardzo głęboko. Trzeba tam się wedrzeć lub jakimś sposobem przeniknąć i go zdobyć. Inaczej nie wyjdziesz.

Nikt Ci nie powie, co masz robić, nikt za Ciebie nie rozwiąże zagadki Twojego życia. To taki życiowy Escape Room z wielkim zadaniem znalezienia klucza i wydostania się na zewnątrz. No dobra, w niektórych zadaniach będziesz mogła się wspomóc podpowiedziami bliskich czy znajomych. W niektórych zadaniach dopuszczalne jest wsparcie specjalistów. Twoja głowa jest najważniejsza. Dlatego notuj wszelkie wskazówki, które pojawią się na Twojej drodze, żeby nic, co ważne, Ci nie umknęło. Gdzie notować?

Kiedy kupujesz sobie zeszyt, żeby pisać o tym, co masz w głowie

Kochana! Kup sobie piękny zeszyt! Najpiękniejszy w całym sklepie! W całym mieście, w całym Internecie! Kup taki Twój, tylko dla siebie. Będziesz w nim pisała sama do siebie. Nikt tego nie będzie czytał. To będzie jak pamiętnik, brudnopis, rysownik, łapacz snów. To będzie Twój piękny przedmiot. Za jego pomocą będziesz się porozumiewała ze sobą. Będziesz tam zapisywała pytania, odkrycia, doświadczenia, odpowiedzi, które poprowadzą Cię do znalezienia najważniejszego kodu do Twoich drzwi wyjściowych z kryzysu.

Stworzyłam też specjalny zeszyt z zadaniami: Zeszyt Anty – Kryzysowy. Jest on zsynchronizowany z tą książką/listem, który czytasz. Jest do nabycia tam, gdzie ją/go kupiłaś. Jeśli jednak wystąpią jakiekolwiek trudności z nabyciem zeszytu, możesz się ze mną skontaktować lub poszukać informacji o zakupie (zarówno zeszytu, jak i innych moich publikacji). Kontakt do mnie znajdziesz na końcu tekstu, tuż przed podziękowaniami.

To jakby powrót do szkoły. Piszesz, a umysł wie, że to, co piszesz, jest ważne. Nauczył się tego w szkole. Pisz – to ma więcej sensu, niż przypuszczasz. To jest mega ważne. Dużo z tego, co napiszesz, zadziwi Cię, zaskoczy. Chaotyczne myśli trudno jest wyrazić za pomocą języka. Dopiero przelane na papier układają się w słowa, zyskują znaczenie, sens i tworzą większy porządek, większą klarowność. Poza tym będziesz miała dokument własnej pracy, mapę własnej głowy i większą szansę na dotarcie do kodu. To, że nie znasz kodu, nie znaczy, że go nie ma. Lekko nie będzie – popracuj, a będą efekty. Mnie to zajęło niecałe 4 lata! Może Tobie pójdzie szybciej! Masz więcej wskazówek. Bądź cierpliwa. Idź swoim tempem.

Mój zeszyt leży obok mnie. Piszę w nim swoje myśli. Jest moim wsparciem i wszystko mu mogę powiedzieć! Otwieram na przypadkowej stronie i czytam. Kurwa! Przecież ja wszystko mam! O co mi chodzi? Nawet moja terapeutka nie wie, o co mi chodzi. Ostatnio wyszłam od niej rozgoryczona. Mówi, że moje problemy są wywołane jakąś moją cechą. Tak, tego się obawiałam, że coś jest ze mną nie tak. No coś jest! Jestem kompletna, sprawna, mam ręce, nogi, rozum. Urodziłam troje zdrowych dzieci. Mam mądrego, kochającego męża. Mam zawód, którego pragnęłam, wykształcenie, o jakim marzyłam, mam żyjących rodziców, cudowną siostrę. Mam siebie, mam świadomość, mam odwagę, mam chęć rozwoju, wreszcie znalazłam swoją pasję i mam mnóstwo pomysłów na siebie. Mam rozwijającą się firmę. Mam dom, samochód, swój pokój, swój komputer z Photoshopem. Mam przyjaciółkę w Polsce i w Anglii. Mam mnóstwo cudownych kobiet wokół. Mam dar do znajdowania dobrych ludzi. Mam marzenia! Nie mam spokoju. Nie mam radości. Nie mam zgody na przemijanie i zgody na moje zmieniające się ciało. Nie mam równowagi psychicznej. Jestem jak mała dziewczynka w ciele 43-letniej kobiety. Czuję się jak dziewczynka, smutna i opuszczona, nierozumiana, zaniedbana. A w lustrze widzę zmarszczki, coraz mniejsze oczy. Widzę starszą kobietę. Coś mi się tu nie zgadza. Brakuje połączenia. Dziewczynka czy kobieta? Dziecko czy matka? Kończąca czy zaczynająca życie? Miła czy wkurwiona? Uśmiechnięta i smutna? O co w tym chodzi? Zagadka jakaś? Znajdź klucz? Przejdź labirynt? Połącz kropki? Dobra, podejmuję wyzwanie – zadanie życia. Jestem terapeutką! Psychologiem. Pomagam ludziom odnajdywać drogę do siebie, a tymczasem swoją zapodziałam. Co za ironia losu! Rozglądam się wokół siebie i niczego fajnego nie dostrzegam. Przede mną ściana. We mnie pustka, w brzuchu na dnie lęk i gorycz. Na twarzy spięcie. Znam to. Ja i ściana. Ja sama.

Uwierzysz, że naprawdę otworzyłam mój zeszyt na przypadkowej stronie? Sama nie mogę w to uwierzyć. Tak się często dzieje, jak słucham siebie, jakaś magia się odbywa. Brakuje słów, żeby to opisać, ale Ty pewnie mnie rozumiesz. Zapewne znasz te niesamowite zbiegi okoliczności i przypadki. Znasz swój głos wewnętrzny? Słuchasz go, czy ignorujesz? Lubicie się? Nie mogę się oderwać od pisania, bo wena leci, a już jest 1:49 w nocy. Posłucham głosu rozsądku i pójdę spać, bo jutro Najmłodszy obudzi się o 7:30 rano i zawoła: Mamo, kiedy śniadanko? Czasem trzeba ignorować głos wewnętrzny, a szkoda...

Obudził się o 9.30 – niesamowite, skąd wiedział, że dziś trzeba pospać dłużej? Dzięki, synku!

Kiedy dopada Cię jednocześnie:
kryzys wieku średniego,
kryzys egzystencjalny,
kryzys opuszczonego gniazda,
kryzys małżeński i kryzys tożsamości
– możesz być pewna, że coś się dzieje!

Kryzys – Wikipedia podpowiada: Kryzys – termin pochodzi z greckiego krisis i oznacza, w sensie ogólnym, wybór, decydowanie, zmaganie się, walkę, w której konieczne jest działanie pod presją czasu.[1]

No, dokładnie – działanie pod presją czasu (a latka lecą), zmaganie się i wybór.

Roland Kachler w swojej książce *Pokonaj Kryzys* opisuje: *czasowniki krino, krinein oznaczają dzielić, rozłączać, oddzielać. Wywodzą się one z kolei od rdzenia, który oznacza „kroić, rozcinać". Zgodnie z pierwotnym sensem kryzys jest więc miejscem cięcia, w którym dotychczasowe życie człowieka pęka i grozi rozbiciem. Jak cięcie dzieli na dwie połowy, tak szrama kryzysu przebiega w miejscu, gdzie łączy się w życiu dobro i zło, i nie wiadomo, która strona przeważy. W medycynie pojęcie kryzysu jest używane w tym samym znaczeniu: oznacza apogeum i przełom w przebiegu choroby, zmierzający ku poprawie albo ku pogorszeniu stanu zdrowia pacjenta W szczytowym punkcie*

---

[1] artykuł z Wikipedii dostępny w wersji on-line na dzień 31.02.2020 pod adresem *https://pl.wikipedia.org/wiki/Kryzys*

choroby – a więc w stanie kryzysu – rozstrzyga się, czy siły obronne organizmu zwalczą napierające zarazki, czy też pozwolą im zwyciężyć. Kryzys jest więc również walką pomiędzy dwiema siłami. W kryzysach życiowych dawne pragnienia i życzenia, dążące do zachowania status quo, „walczą" z tymi, które zmierzają ku przemianie. Mimo że właśnie w kryzysach człowiek czepia się dawnych struktur osobowości, które dotąd dawały bezpieczeństwo, trudna sytuacja zmusza go jednak do rozwijania nowych elementów swojego „ja". W języku chińskim słowa „niebezpieczeństwo" i „szansa" są wyrażone tym samym symbolem. Kryzys jest jednym i drugim: to zarówno niebezpieczeństwo związane z koniecznością uporania się z trudną sytuacją życiową, która staje się źródłem cierpienia, jak i szansa nowego początku i osobowego dojrzewania. Dojrzewanie i rozwój psychiczny człowieka, nie przebiegają wyłącznie w linii prostej – czasem się ona załamuje lub gwałtownie skacze. Można zaryzykować stwierdzenie, że prawdziwe dojrzewanie osobowości dokonuje się tylko w kryzysach i przez nie.[1]

Może tak być, że dopadło Cię więcej kryzysów na raz. U mnie właśnie odbyło się tak, że jeden kryzys wynikał z drugiego i połączyły się w wielkie combo, czyli może właśnie Kryzys Wieku Pięknego, który może mieć przecież różne oblicza. U Ciebie może objawiać się czymś innym. Może Ty zmagasz się bardziej ze swoim umysłem, a nie z rzeczywistością wokół? A może właśnie rzeczywistość Cię przerasta i relacje z bliskimi utrudniają życie? Może przestało Ci pasować takie życie, jakie prowadzisz od lat? Może zaczęło Cię męczyć coś, na co wcześniej miałaś siły? Może potrzebujesz mniej pędzić? Może potrzebujesz mniej wrażeń? A może potrzebujesz więcej doświadczać? Może presja czasu Ciebie stresuje i widzisz już, że wszystkiego w życiu nie osiągniesz? Uświadamiasz sobie, że nie przeczytasz wszystkich dobrych książek, nie obejrzysz wszystkich polecanych i czekających na Ciebie fajnych filmów. Widzisz, że nie ma czasu tyle, co kiedyś, że pędzi on jakoś szybciej i dni szybciej mijają. Kiedyś jakby wolniej się wszystko toczyło. U Ciebie czas przyspiesza? Czy może zwalnia? Może teraz zaczynasz się nudzić tym, co masz? Może dzień upływa na monotonnych, nieciekawych czynnościach i czekasz tylko na wieczór, żeby się położyć spać? Jeśli masz dzieci, to widzisz jak szyb-

---

[1] Fragment książki *Pokonaj Kryzys* autorstwa Rolanda Kachlera z 2012, dostępny na dzień 31.02.2020 w wersji online na stronie https://opoka.org.pl/biblioteka/T/TS/wam_2012_pokonaj_kryzys_02.html

ko rosną. Może Twoje niedługo wyfruną z gniazda, może już wyfrunęły? Może mają po kilka lat, ale masz świadomość, że to w sumie chwila moment... dopiero się przecież urodziły... Co Ty wtedy ze sobą poczniesz, kiedy one pójdą w swoją stronę? Masz na siebie pomysł? Wyobrażasz sobie siebie bez dzieci? Wyobrażasz sobie siebie z mężem samych? Co będziecie robić? Będzie Cię to interesowało? Może zastanawiasz się, czy chcesz się przy tym człowieku zestarzeć? Czy chcesz widzieć, jak on staje się coraz starszy? Może całkiem dobrze do siebie pasujecie i to nie jest tematem, tylko to, że nie będziesz wiedziała, jak spędzać swój czas. A może wiesz, czego chcesz i brakuje Ci na to odwagi? Może wszyscy Ci odradzają Twoje pomysły, blokują Twój młodzieńczy zapał, aby zrobić coś nowego, może coś szalonego? Czujesz, jakby to był Twój ostatni dzwonek? Twoja ostatnia szansa życiowa?

Zapisz w swoim zeszycie wszystko, co Cię gryzie. Zrób to uczciwie! Pamiętaj, nikt tego nie będzie czytał. To zapiski dla Ciebie, to taka Twoja uczciwa rozmowa z samą sobą. Popisz i stań twarzą w twarz z tym, co Cię trapi, co Ci przychodzi do głowy, co uparcie do głowy powraca i co starasz się wypierać, udawać, że tego nie ma. Jeśli jest, to jest. Zobacz to, wyjmij to, pooglądaj to! Opisz to![1]

Skoro czytasz te słowa, to może znaczyć, że z kryzysem zmagasz się od długiego czasu. Możliwe, że nie wiedziałaś nawet, że to jakiś kryzys. Może myślałaś, że coś z Tobą nie tak? Zgadłam? To standard! Jak coś się dzieje nie po naszej myśli, to pierwsza reakcja pojawia się szybko – coś jest ze mną nie tak! Pewnie od długiego czasu zmagasz się z tym nienazwanym stanem i nie wiesz, co z sobą zrobić, nie wiesz komu i co mówić. Boisz się reakcji ludzi. A może już posmakowałaś niektórych reakcji? A, daj spokój, to minie! Nie wygłupiaj się! Nie przesadzaj! Daj sobie czas, Idź do psychiatry i takie inne... Jeśli zmagasz się ze sobą i cierpisz od jakiegoś czasu, to ja teraz proponuję Ci działanie i nieco inne podejście do sprawy. Nadaj nazwę swojemu kryzysowi Możesz nazwać go słowem, zdaniem, może to kilka kryzysów – uchwyć to swoimi słowami. Zapisz to w zeszycie.

W moim kwiecistym zeszycie zapisałam pewnego dnia: *Byłam dziś spokojna. Z godziny na godzinę coraz bardziej spokojna, coraz bardziej u siebie. Zaczynam akceptować to, że przeżywam kryzys, zaczynam sobie pozwalać na trudne uczucia bez robienia sobie wyrzutów, z większą akceptacją siebie i swojej historii. Nie kłócę się z nim (z kryzysem), nie szarpię – przyjmuję go i staję się spokojniejsza. Zaczy-*

---

[1] zadanie 1

nam słuchać, co On chce mi powiedzieć, zaczynam słuchać siebie – co moje wewnętrzne siły chcą mi powiedzieć. Słyszę chęć zmiany. Słyszę tęsknotę, żal za przeszłością, nadzieję na przyszłość. Chcę zadbać o siebie, chcę się o siebie zatroszczyć, utulić się, pogadać ze sobą. Dawno tego nie robiłam.[1]

---

[1] zadanie 2

Kiedy boli jak cholera

B ól psychiczny jest, jak ból zęba. Trzeba coś z nim zrobić. O czymś komunikuje. Z zębem idziesz do dentysty i prosisz, żeby Ci go rozwiercił, wyczyścił, a potem zaplombował. Ufasz, że zrobi to dobrze i liczysz się z bólem. Wiesz, że będzie bolało. Możesz poprosić o znieczulenie, ale i tak wiesz, że to ingerencja w Ciebie, w zęba, w Twoje ciało i zgadzasz się na to. Po wszystkim płacisz, wychodzisz z ulgą. I myślisz: teraz staranniej będę myć zęby!

Z bólem psychicznym jest podobnie jak z bólem zęba. Ból mówi, że coś się psuje. Jak ząb. Sam boleć nie przestanie. Może nieco ucichnie na jakiś czas, ale potem znów wróci, może nawet silniejszy. Ból psychiczny wymaga ingerencji specjalisty. Zaufasz komuś tak, jak dentyście i pójdziesz ze swoją głową? Poprosisz, żeby rozwiercił, otworzył? Zgodzisz się na ból i intymność wstydliwej sytuacji? U dentysty otwierasz usta – a u terapeuty swoją duszę. Jedna wizyta nie wystarczy (może potrzebne będzie leczenie kanałowe). Nagromadzone przez lata sprawy, skrywane sekrety, niewypowiedziane trudności będą wymagały dłuższego czasu, kolejnych bolesnych wizyt. Po jakimś czasie masz szansę poczuć ulgę. To kolejna moja propozycja dla Ciebie. Pójdź ze sobą do kogoś mądrego, zanieś tam swoją głowę, swoje myśli, swoje uczucia. To nie jest wstyd, dbać o zdrowie psychiczne, to nie jest wstyd dbać o mózg. Z wątrobą byś poszła, z okiem, uchem, z nogą też. Chyba lepsze to, niż nie robić nic? Masz już zeszyt? To teraz zadzwoń do specjalisty od funkcjonowania mózgu.

Po mojej pierwszej wizycie w kryzysie napisałam: *Pierwsza wizyta u pani Ani. Płakałam całe spotkanie. Opowiedziałam o tym, co ostatnio przeżywałam, jak się czuję. Było tych łez przejmująco dużo. Czułam się jak mała dziewczynka – ale z szacunkiem wysłuchana i jakby przytulona (przez dobrą mamę). Po spotkaniu płakałam dalej, jeszcze z godzinę. Teraz jestem spokojna, wyciszona.*

Masz już dwie konkretne wskazówki. Idziemy dalej? Chcesz więcej? Działaj, nie stój. Bezczynność czasem bardzo niszczy. Jeśli spodoba Ci się zadanie, które będę proponowała, przerwij, proszę na chwilę lekturę tego tekstu i wykonaj zadanie. Daj sobie czas na ochłonięcie, przemyślenia, zapiski. Może będzie Ci potrzebne kilka godzin, może kilka dni. Nie musisz się spieszyć. Możesz potraktować ten list jako propozycję konkretnych ruchów, które możesz wykonywać we własnym tempie... Nie spiesz się. Lepiej, żebyś działała, a nie tylko czytała. To taki mój pomysł na naszą współpracę. Ja Ci będę podsuwać smaczne kąski, a Ty je zjesz szybko albo będziesz się nimi delektować. Możesz wykonać zadania i zacząć coś zmieniać albo tylko o nich przeczytać i prawdopodobnie zaraz o nich zapomnieć. Zadania, które zostało tylko przeczytane, nie zaliczamy do zrealizowanych, a zmiana nie nastąpi samoistnie.

Moje słowa mogą być Twoim towarzyszem w podróży ku kobiecej dojrzałości. I nie chodzi tu o dojrzały wiek (chociaż w międzyczasie możesz go osiągnąć)), ale chodzi o stawanie się dojrzałą kobietą. Dojrzałą jak owoc, słodką i pełną smaku dla innych. Dojrzałość to mądrość, uważność, spokój. A co dla Ciebie znaczy dojrzałość? Jaką kobietą chcesz się stawać?[1]

---

[1] zadanie 3 i 4

Kiedy przestajesz się zajeżdżać

Hej, dziś pracowałam cały dzień w gabinecie. Miałam wiele ciekawych spotkań z kobietami. Kilka pomysłów się pojawiło, które chciałyby tu zaistnieć. Wróciłam do domu z myślą, że będę dalej pisać, ale jakoś mi dziś nie idzie. Wiem, powinnam odpocząć i dobrze się wyspać, a potem wrócić do pisania. Pewnie mam tak jak Ty – trudno mi odpuszczać i jeszcze trudniej odpoczywać. Za to pięknie umiem się zajeżdżać! Ty też? O tym jutro, bo dziś zadbam o siebie i pójdę spać. Pa!

Wyspałam się, a potem snułam się po domu. Zjadłam chlebek gryczany z pomidorami i rukolą, który sama upiekłam. Wypiłam kawę z mlekiem owsianym. Pogadałam z koleżanką o jej remoncie i frajdzie z urządzania wnętrza nowego mieszkania. I pracowałam nad tym, żeby nie obwiniać się za to nicnierobienie. Nawet się udało. Zasiadłam do pisania o 13-stej i świat się nie zawalił, a i ja taka bardziej otwarta na działanie teraz jestem.

Czy Ty też tak masz, że trudno Ci wypoczywać, że trudno Ci sobie odpuścić robotę, że czujesz, że źle robisz, jak nic nie robisz? W naszej kulturze kobieta ma presję działania. My kobiety uczymy się od najmłodszych lat, że jak nic nie robimy, to nie jesteśmy wartościowe. Boimy się słowa leń. Bo, gdyby ktoś tak o nas powiedział lub pomyślał, to by nam było bardzo niemiło. Uczymy się być robotami – czyli tą, która robi. Nawet jak ma wolne, to coś robi: sprząta, gotuje, prasuje, zajmuje się dziećmi, nadrabia zaległości z pracy, może szyje, rysuje, coś tworzy. Tylko wtedy, kiedy robisz coś wartościowego, czujesz się wartościowa? A umiesz nie robić nic, usiąść w fotelu i patrzeć w ścianę, w okno, w siebie? A umiesz poleżeć na podłodze i o niczym nie myśleć? Umiesz poleżeć w wannie bez telefonu i delektować się ciszą, kiedy dzieci już śpią (lub kiedy nie masz dzieci, bo ich nie urodziłaś, lub są właśnie u babci, lub u taty)? Umiesz być i nic nie robić? Po prostu być?

Znasz kobiety, które się zajeżdżają, a potem mają pretensje do świata, że są takie zmęczone, że są takie wykorzystane, że nie mają czasu dla siebie? Pewnie, że znasz! Czy może jesteś jedną z nich? Nikt nas nie uczy wypoczywania, nie mówią o tym w szkole, nie mówi o tym mama, nie jest to popularny i ważny temat. Uczą nas jak pracować, uczą, jak się zajeżdżać, jak nie dbać o siebie, jak być wydajnym i przydatnym.

Można pomyśleć, że jak wypoczywasz, to nie jesteś przydatna, że nie ma to wartości i sensu, nawet jesteś egoistyczna! Czy naprawdę? Czy naprawdę osoba, która nie wypoczywa, jest bardziej wydajna, żyje dłużej i robi dobro? Niekoniecznie, szczególnie jeśli potem jeszcze ma żal do świata, że ją zajechał. Często my mamy żal do naszych mam, że się zajeżdżają, że nie myślą o sobie, że robią za dużo, jak na swoje siły i czują się wykończone. Chciałoby się powiedzieć: A po co to robisz? Czy ktoś tego od Ciebie oczekuje? Sama sobie wymyślasz tę robotę. Mogłabyś odpocząć albo pojechać na wycieczkę, zrobić wreszcie coś dla siebie, a nie dla kogoś.

Ja uważam, że kobieta nie jest robotem! Nie ma takiej konstrukcji, żeby działać ciągle na 100% obrotów. Natura kobiety jest inna. Kobieta jest zmienna, ma przypływy i odpływy sił. Kiedy pozwoli sobie na porządne odpoczywanie, jest w stanie potem porządnie popracować. Uważam, że powinnaś zwracać uwagę na swoją naturę, na swoje naturalne procesy. Możesz w ten sposób bardziej szanować siebie i korzystać lepiej ze swoich możliwości. Czyż nie masz tak, że kiedy się porządnie wyśpisz, to potem masz więcej energii? Jeśli pozwolisz sobie na dni stagnacji, to potem przychodzą z wielką siłą dni aktywności. Tak jest. Wypoczywanie ma wielki sens! Pracuję z kobietami w takim kierunku, żeby to zrozumiały i wprowadzały w życie. I to jest duże i bardzo trudne zadanie w procesie terapii. Kto by pomyślał? Ważne zadanie w terapii – nauka wypoczywania. Brzmi banalnie, ale banalne nie jest, ponieważ jest mocno połączone z nauką dbania o siebie, czyli z Wielkim Zadaniem w Kryzysie Wieku Pięknego.

Wiesz, podejrzewam, że masz sporo zaległości w wypoczywaniu, że sporo Twoich ostatnich lat czy miesięcy było okresem, w którym nie miałaś za bardzo czasu dla siebie. Ja urodziłam trzech synów, każdego w odstępie 7–miu lat. Całe lata w pieluchach... Chociaż ciągle miałam tylko jedno dziecko małe, to czuję, że moje życie było wielkim zaangażowaniem w życie rodzinne, wielkim zabieganiem o poczucie bezpieczeństwa, o byt, o rozwój. I nie przeczę, że przez ostatnie dwadzieścia dwa lata byłam kurą domową. Może tylko kurą, ale to wystarczyło, żebym się zmęczyła. Miałam prawo się zmęczyć? Miałam czasem prawo mieć wszystkiego dość? Miałam prawo mieć sporo lęku, że nie ogarnę tego mojego życia, że nie jestem dobrą mamą, żoną, partnerką? Miałam prawo się pogubić i pobłądzić? Miałam prawo zgubić w tym siebie? Tak! Miałam prawo i niestety z tego prawa pięknie skorzystałam.

Jeśli to są u Ciebie lata, a nie miesiące, nadrabiania wypoczywania – to będziesz miała z tym dużo roboty. Przy okazji może się to okazać przyjemne, jeśli tylko sobie na to pozwolisz. Policz, ile lat się zajeżdżałaś i oblicz ile potrzebujesz odpoczynku hi hi hi… Jak to policzyć? No, nie da się. Jakoś jednak to trzeba przekalkulować w głowie. Za chwilę będziesz wiedziała, że to dużo było i dużo potrzeba odpoczynku. Kobiety w Kryzysie Wieku Pięknego, to najczęściej kobiety nieźle zajechane, bardzo zmęczone, zaniedbane (niekoniecznie zewnętrznie – mogą być piękne i szczupłe i mieć fajne płaszczyki, sukieneczki i kolczyki). Jednak zaniedbane są tak wewnętrznie. Czy dbałaś o siebie porządnie przez ostatnie lata? Czy naprawdę robiłaś, co chciałaś, żyłaś, jak chciałaś, realizowałaś swoje śmiałe pomysły, dążyłaś do spełniania własnych marzeń? Czy może czekałaś, aż ktoś o Ciebie zadba i się z tego czekania potem wyleczyłaś i już nie czekałaś, ale w środku w Tobie coś jednak czekało i się… zesrało… No, żartuję sobie, ale jak tak czekamy, aż świat się o nas zatroszczy, to prawdopodobnie się nie doczekamy. Doczekałaś się? Czekanie sprawia, że gorzknieje cała słodycz w nas (śpiewa pięknie Piotr Rogucki z zespołem Coma). Ja się nie doczekałam. I wreszcie wzięłam sprawy w swoje ręce.[1]

Dziś na przykład kupiłam sobie czerwone tulipany i patrzę na nie, jak stoją w szklance. A one patrzą na mnie. I postanowiłam dziś nie czekać, aż ktoś mi je kupi. Mam też na sobie czerwoną bluzkę, mam czerwoną krew i mocny sen i już nie czekam.

Zrób eksperyment. Wyłącz wszystkie media i usiądź wygodnie w ciszy, i posiedź około piętnastu minut. Niektórzy mają spory problem z takim zadaniem. Wyłączenie wszystkich medialnych zagłuszaczy kieruje w stronę tego, co chce się zagłuszyć. Czasem jest tam lęk, czasem bolesne wspomnienia, czasem trudne aktualne relacje. Spróbuj przestać się zagłuszać, na jakiś czas (także robotą), aby słuchać tego, co w Tobie ważne. Może boleć.[1]

A potem możesz wziąć kartkę lub piękny zeszyt i napisać do siebie samej list.[2]

---

[1] zadanie 6

[2] zadanie 7

Kiedy piszesz do siebie list

Tak, śmiesznie to brzmi. Dawno nie pisałaś? Dawno nie pisałaś listów? Nigdy nie pisałaś listów do siebie? Hi hi hi... To może spróbuj i zobacz, co Ci się napisze.

Ja napisałam pewnego dnia:

Droga Eve!

Piszę do Ciebie list, ponieważ wiem, że przeżywasz teraz trudny czas w życiu.

Zawsze myślałam o Tobie, że jesteś dzielna, że świetnie sobie radzisz z życiem. Byłaś dla mnie wzorem szczęśliwej, spełnionej kobiety (i dla wielu innych kobiet też). Wiem, że Ty tak w pełni tego nie czułaś. Ciągle za czymś goniłaś. Czegoś poszukiwałaś, ciągle czułaś jakiś niedosyt. Miałaś w życiu dużo szczęścia. Spełniały się Twoje marzenia, ciągle parłaś do przodu i realizowałaś swoje cele. Zawsze byłam zadziwiona Twoją energią i zastanawiałam się, skąd Ty bierzesz na to wszystko siły. Cieszyłam się, jak patrzyłam, jaka szczęśliwa byłaś z Twoim mężem, jaka zakochana i kochana przez niego.

Dotarłaś w swoim życiu do bardzo trudnego momentu. Masz 43 lata i zastanawiasz się nad dalszym swoim życiem. Zastanawiasz się, jak chciałabyś je spędzić i z kim. Przeżywasz ogromne rozterki związane ze swoim małżeństwem, do niedawna wspaniałym. Od jakiegoś czasu czujesz się w tym związku samotna, nierozumiana, zaniedbana, pomijana i niekochana. Żywisz do swojego męża coraz trudniejsze uczucia. Sama, dobrych uczuć jemu nie okazujesz... Czujesz, że jakoś mało naprawdę fajnych rzeczy ma dla Ciebie oprócz miłości, którą on wyznaje, a Ty jej nie czujesz. Pragniesz uczuć, bliskości, wymiany, wspólnoty. Chcesz więcej, inaczej, chcesz wczoraj... Przeżyliście ze sobą kawał udanego życia, ale teraz to życie jest dla Ciebie jakąś nieporadną kontynuacją.

Napisz do siebie szczery list z głębi serca. Sprawdź, co masz sobie do powiedzenia

Kiedy kupujesz sobie prezent

Zacznijmy od małych rzeczy. Zeszyt już masz. Kwiaty dla siebie też już masz (w planach)? Rozejrzyj się wokół i pomyśl, co mogłoby sprawić Ci małą radość. Jaki ostatnio kolor Ci towarzyszy? Jaki przyciąga Twoją uwagę? Może kupisz sobie w tym kolorze poduszki, świeczki, wazon? Może pomalujesz jedną ścianę na ten kolor? Może masz więcej pieniędzy i możesz sobie kupić taki prezent, jaki chciałabyś otrzymać od mężczyzny? Inwencja należy do Ciebie. W ramach ćwiczenia dbania o siebie spraw sobie coś miłego.

Jeśli jesteś kobietą, która co rusz sobie coś kupuje, to w ramach prezentu nie kupuj sobie nic (ale kup komuś bliskiemu), a siebie wyprowadź na spacer. Pójdź tam, gdzie dobrze się czujesz, gdzie dawno nie byłaś i dokąd tęsknisz. Pójdź tam sama i pobądź tam ze sobą. Może chcesz pojechać na wycieczkę? Może być, ale pojedź tam sama!

Mam pomysł! A co Ty na to, żebyś wzięła w pracy jeden dzień wolnego dla siebie (w ramach urlopu) i spędziła go całkowicie po swojemu, dbając o siebie? Możesz pójść ze sobą do kawiarni na kawę i ciastko lub pojechać do sklepu IKEA i połazić, i popatrzeć, a może chcesz poleżeć w łóżku i w pidżamie się posnuć cały dzień w środku tygodnia (czyli na przykład w środę)? A może chcesz z herbatką posiedzieć na sofie z owiniętymi kocykiem nogami i czytać książkę cały dzień? Nie ma Cię jeden dzień! Zniknęłaś! Wyjechałaś (do siebie)! I nikt nie wie, że JESTEŚ, ale Ty wiesz, że ważne jest to, żebyś czasem BYŁA.[1]

---

[1] zadanie 8

Kiedy prosisz o pomoc

Porozmawiaj o sobie. Poproś o rozmowę bliską osobę i powiedz jej, jak Ci bardzo źle. Jeśli tego nie robisz – zacznij. Zacznij bardzo wprost nazywać, co czujesz, co przeżywasz, o czym myślisz. Powiedz całemu światu o tym. Mów na prawo i lewo. Mów kobietom, mężczyznom, bliskim, dalszym, starszym, młodszym. Może się okazać, że oni dzielnie to zniosą i wcale świat się nie zawali. Możesz prosić o wsparcie. A najlepiej proś o przytulenie i przyjmij je. W ten sposób możesz poczuć się przytulona przez świat. Byłoby miło, gdyby świat Ciebie przytulał i Ciebie wspierał? Załatw to sobie. Na pewno są wokół Ciebie ludzie, którzy chętnie to zrobią. Dobrze jednak wybieraj. Wybieraj takich, którzy Ci dobrze życzą, którzy nie mówią, co masz robić i co jest dla Ciebie dobre, którzy bezinteresownie poświęcą Ci swój czas, którzy chętnie będą Cię słuchali. Nie spotykaj się z tymi zbyt mądrymi. Z tymi, co wiedzą lepiej niż Ty, także nie. Niech będą wokół Ciebie tacy, którzy tak jak Ty, nie wiedzą, co robić, którzy chcą Ci towarzyszyć w Twoich decyzjach, jakiekolwiek one będą. Niech będą z Tobą tak po prostu, niech otulą ramieniem, gdy zapłaczesz i niech nic nie próbują z Tobą robić. Jeśli spróbują, to nie pozwól im na to i powiedz, że chcesz tylko ich wsparcia.

Wstydzisz się? Tego, że jesteś słaba, tego, że jesteś człowiekiem? Tego, że sobie nie radzisz? A może tego, że właśnie próbujesz sobie radzić, jak na człowieka przystało? Wstydzisz się być sobą, być autentyczna, a nie wstydzisz się udawać, że jest inaczej, niż wszyscy myślą? Wstydź się i działaj, a wstyd sobie szybko pójdzie, bo on się boi działania. Poproś wreszcie o pomoc. Jesteś człowiekiem. Człowieki czasem potrzebują pomocy, mylą się, błądzą, potrzebują wsparcia. My wszyscy, w zasadzie, jesteśmy mali i niedoskonali. Tylko nie wszyscy się do tego potrafią przyznać.[1]

---

[1] zadanie 9

Kiedy odkrywasz, że słyszysz głosy

Kiedy już odpoczęłaś nieco, zwolniłaś, porozmawiałaś o sobie, może pozwoliłaś sobie na trudne uczucia, nadchodzi czas na posłuchanie siebie. Już może trochę popisałaś w nowym zeszycie, już może słyszysz lepiej swój głos wewnętrzny, który dobija się do Ciebie od jakiegoś czasu, a Ty go ignorujesz...?

Co mówi do Ciebie Twój głos?

Mój właśnie teraz mówi: *Sporo pytań zadajesz kobiecie! Czy nie za dużo? Hmm... Może jednak lepiej, że dużo pytasz, zamiast dużo mówić... Niech ona sobie sama odpowiada... Niech mądrości szuka w sobie, a nie w Tobie. Przecież właśnie o to Ci chodzi, żeby słuchała siebie. No i się dogadaliśmy, hi hi hi...*

A pewnego dnia napisałam: *Jestem blisko decyzji o rozstaniu z mężem. Chcę pójść w swoją stronę. Najbardziej boję się tego, że go bardzo tym zranię. Nie daje mi to spokoju. A w głębi serca chcę być sama, marzę o własnym mieszkanku, porządku w nim, ciszy i fotelu do czytania. Marzę o sobie spokojnej i radosnej. Po tych wszystkich trudnych emocjach i dramatycznych chwilach – marzę o odpoczynku, ukojeniu mojego serca, spokoju ducha i sumienia. Tak, tego pragnę. (...) Chyba najbardziej potrzebuję teraz poukładać i polubić siebie, nauczyć się siebie, stworzyć siebie samą na nowo. Chcę odejść, nie po to, żeby zranić, lecz po to, żeby budować.*

Dziś Najmłodszy się rozpłakał przed snem i powiedział: Nikt mnie nie kocha tak, jak bym chciał. Spytałam, jak to miałoby być, a on odpowiedział: nie wiem, jak to powiedzieć. Popłakał i zasnął spokojnie. Czuję jak on: nikt mnie tak nie kocha, jakbym chciała.

Dziś jestem zdana tylko na siebie. Nikt mi nie może powiedzieć, jak powinnam postąpić i właściwie nikt mi tego wprost nie mówi – dziękuję Wam kochani za to! Czuję się dziwnie pewnie i spokojnie. Kroczę sama przez tę sytuację, nie wiem, skąd mam siły i skąd wiem, co robić. Słucham tylko siebie. Czuję, że powinnam iść tą drogą, nie zbaczać z niej, chociaż jest cholernie trudna. Narażam się na okropne uczucia. Nie wiem, co mnie czeka. Niczego jednak nie będę wiedziała, dopóki nie spróbuję.

To były moje wewnętrzne głosy – poszłam za nimi, posłuchałam, zrobiłam to, co podpowiadały, zaryzykowałam. Nieco ponad tydzień później napisałam:

Dogadałam się w sprawie mieszkania do wynajęcia, za dwa dni odbieram klucze. Znalezienie mieszkania zajęło mi 3 dni! Jak już postanowiłam, to się po prostu niemal natychmiast pojawiło. Klamka zapadła, stało się, zrobię to, odchodzę, postanowione!

Nazajutrz wieczorem nasila mi się ból głowy, narasta w tempie błyskawicznym, zaczynam płakać, czuję przerażający lęk, niedługo potem kilka razy wymiotuję, głowa pęka, płaczę, czuję się mała i samotna, zdana tylko na siebie. Mam dreszcze i mdłości, cała się trzęsę. Zasypiam dopiero nad ranem urywanym snem. Jutro idę oglądać mieszkanie, mój nowy dom. (...)

Pierwsza noc tu. Nie poczułam żadnej zmiany, żadnego bólu, samotności... Samotna się czuję już od długiego czasu. Spokój, cisza, przygotowuję mieszkanie, sprzątam, dobrze się tu czuję, kupiłam radio i czajnik – jest piątkowy wieczór, słucham Listy Przebojów Programu Trzeciego i piję herbatę. Jestem u siebie. Zasypiam spokojnie.

Moja Droga, nie mówię, że moja ścieżka jest najlepsza, nie wiem, jaka jest Twoja. Wiem jednak, że Twój wewnętrzny głos Ci podpowie. Możesz go spróbować posłuchać. W sumie możliwe, że niewiele stracisz, tylko próbując. Zawsze możesz się wycofać, przeprosić, wrócić do poprzedniego stanu.

Oprócz głosów wewnętrznych słyszę jeszcze głosy zewnętrzne, płynące ze świata. Są to znaki. Magiczne podpowiedzi, zbiegi okoliczności, sytuacje niesamowite, ukryta magia.[1]

---

[1] zadanie 10

Kiedy odkrywasz, że życie jest magiczne

Życie jest niesamowite. Toczy się nie tam, gdzie myślimy. Zaskakuje nas biegiem zdarzeń. Jego sens jest gdzieś ukryty. Właśnie wyszła ode mnie koleżanka, która niespodziewanie dla siebie umówiła się na spontaniczną randkę podczas pełni księżyca z własnym mężem, z którym jest w separacji od ponad 2 lat. Dziś jest pełnia księżyca. Ja wierzę w Księżyc. A Ty? Wierzę, że istnieje, że odbija światło słońca, choć mówią o nim, że świeci. Podczas pełni odczuwam inaczej, czasem jakby bardziej intensywnie. Podczas pełni księżyca lepiej mi się pracuje, mam więcej twórczych pomysłów i energii. Mam też dziwne lub okropne sny. Odczuwam inaczej. Dziś jest pełnia w Lwie, cokolwiek to znaczy – jakaś ważna ponoć. Piszą, że to wielki czas dla Lwa.

A ja jestem zodiakalny Lew. Trudno mi powiedzieć, jak dalece wierzę w znaki zodiaku, ale na pewno wierzę mocno w znaki. U mnie wszystkie znaki wskazują, że słuchając siebie, tworzę siebie na nowo i to jest dobre. Czuję, że jest dobrze, że moje pomysły w rezultacie okazują się dobre, wtedy, gdy są w pełni moje.

Obudziłam się ze snem w pamięci. Śniła mi się ta randka koleżanki. Zadzwoniłam do niej i opowiedziałam ten sen, a ona powiedziała, że jestem jakąś czarownicą, że było dokładnie tak, jak w moim śnie. Wow! Jestem czarownicą? Coś w tym jest. Czucie mam niezłe, czasem przeczucie, czasem intuicję. Kiedyś powiedziałam innej mojej koleżance, która była w ciąży, że jutro urodzi. A ona na to: Co ty! Mam termin za tydzień, jeszcze nie teraz... A na drugi dzień rano napisała, że wody jej odeszły i właśnie jedzie z mężem do szpitala. Wiedziałam wprawdzie, że jest pełnia i że w tym czasie kobiety rodzą chętniej.

Kiedyś rozmawiałam z położną, która opowiedziała mi, że podczas pełni na sali porodowej jest tłok. A Ty wierzysz w Księżyc? To było takie połączenie faktów: ona, pełnia, krótki termin do rozwiązania i moje jakieś dziwnie pewne i spokojne przeczucie. To ta magia? Możliwe, że magia to połączenie tego wszystkiego w mózgu, może jednak jeszcze gdzieś indziej?

Wiem jednak, że dużo z tego, co się dzieje, dzieje się gdzieś indziej (nie w oczywistej rzeczywistości) i jakoś magicznie. To, co teraz się dzieje w moim życiu, także takie jest. Duży ból, trudne decyzje, działanie zgodnie (z czymś, co ciągle było zagłuszane) głosem z wewnątrz. A rezultat oszałamiający. Jestem tu, gdzie jestem i piszę do Ciebie. Chociaż nigdy wcześniej nie ośmieliłabym się tak, jak teraz otwarcie pisać o sobie i w ogóle pisać do kogoś. Teraz piszę do świata kobiet. Dzielę się sobą i czuję, że to komuś może się przydać. Nawet nie myślę, co dalej. Piszę i nie wiem, gdzie to mnie zaprowadzi. Idę za głosem z wewnątrz i z zewnątrz. Za głosami i znakami, które słyszę i widzę. Wszystko się układa w większą całość. Zaczyna mieć sens moja trudna historia i moje cholerne cierpienie i pogubienie. Jeśli to musiałam przeżyć właśnie po to, żeby Ci pomóc, to wdzięczna jestem losowi za taki dar. To w porządku, że mi to zesłał.

Dziś jestem. Teraz, czuję, że jest dobrze, nigdzie nie pędzę, na nic nie czekam. A koleżanki pytają, co się dzieje, mówią, że mam jakiś niesamowity błysk w oczach, że pięknie wyglądam. Pytają, czy kogoś poznałam. A ja myślę – tak, poznałam i poznaję i się zakochuję. Hi hi hi... Poznaję siebie![1]

---

[1] zadanie 11 i 12

Kiedy masz men-o-pauzę

Hi hi hi... Mam men–o–pauzę, czyli przerwę od mężczyzn. Mieszkam sama. Dzieci są trochę u mnie, trochę u męża. Zrezygnowałam ze swojego poprzedniego życia, wzięłam wolne, abdykowałam, wyprowadziłam się, wzięłam urlop na żądanie. Wzięłam bezczelnie, bo inaczej nie umiałam, wzięłam i już, i nikogo o to nie pytałam, nie prosiłam. Gdybyś chciała taki urlop dla siebie, to może zrób to lepiej niż ja, poproś, wyjaśnij, zaproponuj. Ja nie miałam odwagi, nie umiałam, nie wiedziałam wtedy, czego chcę i co się właściwie dzieje. Teraz wiem. I wiem, że już jest za późno, że zraniłam tym bardzo mojego męża. Mam wielkie wyrzuty sumienia i żal do siebie za to i smutek, gdy na niego patrzę.

Ani przez chwilę nie poczułam, że to głupi pomysł. Ani przez chwilę się nie zawahałam i ani przez chwilę nie żałowałam. Od kilku miesięcy jestem u siebie i mieszkam po swojemu. Tworzę sama swoje miejsce tymczasowe i czuję się jak w domu, w tym wynajętym mieszkaniu, bardziej niż u siebie, w prawdziwym, pięknym domu.

Nie mam nikogo. I nie czuję się samotna. Jest tak, jak jest i jest dobrze. Od pierwszego dnia bycia tu poczułam spokój, który z dnia na dzień rozrastał się we mnie. Dziś jest go znacznie więcej. A gratisem tej szalonej decyzji jest większe poczucie sensu życia, otwartość na to, co mi się przydarza, radość, miłość, lepsze bycie mamą i coś, czego nie umiem jeszcze nazwać, coś wielkiego. Jakbym była w podróży zagranicznej i była tuż u celu, w wymarzonym miejscu. Uwielbiam podróżować, ale teraz jestem w podróży u siebie, w środku. Co za widoki, co za tereny! Tu jeszcze nie byłam, tu dopiero jest dziwacznie i egzotycznie.

Nie potrzebny mi teraz mężczyzna, mam wszystko, czego potrzebuję w sobie. Może to taki czas ta men–o–pauza. Od zawsze byłam z kimś. Od ponad 25 lat miałam obok siebie mężczyznę. Siebie tworzyłam jako tą, z mężczyzną. Może siebie tworzyłam poprzez mężczyznę? Teraz jestem sama i wdzięczna jestem za to. Co za stan! Tylko ja! Ja tego naprawdę chcę i potrzebuję. Ja potrzebuję siebie i pobyć ze sobą. Może Ty tego nie potrzebujesz, może masz fajną relację i możesz się nią cieszyć i możesz podziękować partnerowi, za to, że jest w Twoim życiu. A w zamian za men–o–pauzę możesz sobie zrobić np. praco-pauzę albo dziecio–pauzę.

Kiedy odkrywasz, że mężczyźni są jak ciasteczka

Na ból psychiczny niektórzy używają różnych rzeczy, które dają ulgę i ukojenie; alkohol, narkotyki, zakupy, jedzenie. Te rzeczy doraźnie mogą pomóc odwrócić uwagę i uspokoić nerwy. Działają jednak, jak coś dobrego tylko przez chwilę, potem zaczynają działać odwrotnie – niszczą. Nie polecam tych sposobów nawet na chwilę. Chociaż sama używałam słodyczy do zagłuszania swojego bólu. Uwielbiam czekoladę z orzechami i orzeszki w czekoladzie, do ciasteczek też mam słabość (teraz używam głównie orzeszków).

Dla kobiety po rozstaniu mężczyźni mogą spełniać funkcję ciasteczek. Także nie polecam. Myślę, że to niezbyt dobry pomysł, żeby szybko po jednym związku, pojawiał się następny. Jeden mężczyzna po drugim może super pomagać w załataniu czarnej dziury. Jednak czy zdrowy mężczyzna chciałby być taką łatką? Czy to w stosunku do niego w porządku, czy to uczciwe? Czy kobieta ma łatać swoją pustkę, czy może raczej ją zgłębiać, rozpoznać, uleczyć? Myślę, że tu zaczyna się ważna robota dla kobiety. Trudna, bolesna droga wchodzenia w siebie, swój ból, lęk, poczucie odrzucenia, poczucie bycia małą, niepotrzebną, nieatrakcyjną czy niedobrą.

A to przecież nie ciasteczka odżywiają organizm. Ciasteczka są tylko smaczne. Dla organizmu odżywcze są w istocie owoce i warzywa. Ciasteczka nie mają witamin. Mają za to mnóstwo bezwartościowego i szkodliwego cukru. Jedz zdrowo i mądrze, także mężczyzn.

Kiedy ludzie pytają, kiedy sobie poukładasz życie

C zy poukładać życie dla kobiety znaczy – być z mężczyzną??? Może nawet niekoniecznie musi być szczęśliwa, ale z mężczyzną koniecznie. Taka jakaś presja jest w tym naszym dusznym kraju. Nie jesteś wartością sama w sobie. Jesteś wartościowa i prawdziwie kobieca, kiedy masz mężczyznę. I nie wnikamy jakiego, i nie wnikamy, czy to Ci pasuje. Jest facet i jest spokój. Rodzice mogą się cieszyć, że ułożyłaś sobie życie. Dla innych kobiet nie jesteś zagrożeniem, że im męża odbierzesz. Kobieta sama i szczęśliwa to chyba jakaś wariatka, czy coś, czy może stara panna, albo młoda panna, albo homoseksualna, albo nimfomanka. Moja terapeutka na pierwszym spotkaniu zapytała mnie, czy jestem singielką! Co za pytanie do mężatki z trójką dzieci i to jeszcze w kryzysie małżeńskim. Teraz wiem chyba, co miała na myśli. Tak jestem singielką! I zawsze byłam, nawet w małżeństwie. To nie znaczy, że chcę już zawsze być sama, że postanowiłam już od mężczyzn stronić. Mam me–no–pauzę. Jestem tu i teraz, jestem sama, ale nie samotna. Mam siebie i dobrze się dogadujemy.

W radiu leci ostatnio taka reklama środka leczniczego na psychikę. Dialog między paniami brzmi mniej więcej tak:

– *Marek ode mnie odszedł.*

– *Po tym wszystkim, co dla niego zrobiłaś? Weź, ten środek, a poczujesz się lepiej.*

Spotkanie po jakimś czasie:

– *Aniu, jak pięknie wyglądasz! Środek pomógł?*

– *Tak, dziękuję. A przy okazji, poznaj Filipa.*

– *Wiedziałam, że wszystko dobrze się ułoży.*

No i co? Tylko wtedy dobrze się ułoży, jak Ania będzie miała faceta? Masakra. A men–o–pauza? Nie miała żadnego czasu dla siebie, nie odsapnęła, nie była ze sobą. Od razu wpakowała się w kolejny związek i on jej teraz dobrze robi. Yyh... A jeszcze ten tekst, że tyle dla niego zrobiła! Co zrobiła? Urodziła mu dzieci, dbała o niego, karmiła, woziła do pracy, wyrzekała się siebie? I Ania pięknie wygląda, bo ma nowego mężczyznę. Nie może pięknie wyglądać bez mężczyzny. Już nie mówię o środku na psychikę, który powoduje piękny wygląd i wyczarowuje nowego faceta. Kto to dopuścił do emisji?

A tu moje zapiski dość niedawne: *11 listopada – 101 rocznica niepodległości w Polsce. Dziś świętuję Dzień Niepodległości Własnej. Jestem sama, ale nie czuję samotności. Mieszkam sama i czuję obecność wielu dobrych osób w moim życiu. Ciągle ktoś pisze lub dzwoni: Jak się czujesz? Jak się masz? Uśmiecham się. Dziś druga pełnia Księżyca w tym mieszkaniu. I ja coraz pełniejsza w sobie. Herbata od koleżanki z miodem i cytryną smakuje dziś nieziemsko.*

Moje życie jest poukładane – do cholery! Nie muszę go układać.[1]

---

[1] zadanie 13, 14, 15

Kiedy zauważasz, że życie odbywa się teraz

Ś redni myje podłogę przy głośnej muzyce. Najmłodszy przed chwilą tańczył, teraz siedzi na podłodze i układa klocki Lego. Ja piszę w swoim pokoju, jest tak na luzie. Oj, właśnie się pokłóciłam ze Średnim, ale on nerwowy, ja też nerwowa. Hm... Miałam pisać o miłych chwilach tu i teraz, a tu masz ci los. Chwila miła zamieniła się w trudną. Bierzemy życie na klatę? No tak, tak też bywa. I tak jest teraz. Teraz nie zawsze jest miłe. Rzeczywistość podpowiada coś więcej. *Chcesz pisać o pięknym tu i teraz, a przecież są też niepiękne i trudne chwile. Takie też trzeba jakoś przyjmować. Bywa ciężko, bywają zachwiania, bywają potknięcia.* Wczoraj odkryłam, że ktoś mi stuknął samochód w tylny bok i zbił światło. To musiało być gdzieś na parkingu. Ktoś to zrobił i uciekł z miejsca zdarzenia. Tchórz, świnia, cham? Trzeba będzie naprawić, zapłacić i to ja sama muszę załatwić. Najpierw mi się zrobiło słabo, potem smutno, a potem odpuściłam. To jest coś, na co nie miałam wpływu. Trzeba to przyjąć i iść dalej. Zapłacić też trzeba za kogoś, bo nie mam OC. Średni śpiewa sam do siebie, chyba mu trochę przeszło. Wszedł do pokoju i coś mówi beztrosko. Jak fajnie, że tak szybko odpuszcza. Czas płynie i trudności razem z nim...

Miesiąc po wyprowadzce napisałam: Zmywarka myje naczynia. *Dzieci bawią się na podłodze śpiworem w wyrzucanie śmieci. Raz jeden, raz drugi udaje, że jest workiem ze śmieciami. Śmieją się głośno. Ja jestem pomiędzy kąpielą, a czytaniem książki. Piszę przy lampce. Do wanny leje się woda na wspólną kąpiel chłopaków z musującą kulką o zapachu zielonej herbaty. Świecą się świeczki na komodzie. Zaraz przyjedzie Najstarszy, student. Będzie tu dziś nocować. Zagramy wszyscy w Monopoly Junior.*[1]

---

[1] zadanie 16

Kiedy ideały padają

A *byliście takim idealnym małżeństwem* – mówili, mówią. Idealnym? Widzieliście kiedyś jakiegoś idealnego człowieka? A dwóch? A czy widzieliście idealny związek złożony z dwóch nieidealnych osób? Trudny to balast do dźwigania – ideały. Runęły one wraz z nami i świat nie chce takich informacji, że nam się nie powiodło, że coś się popsuło, że popsuliśmy coś dobrego. Świat też nie chce takiej informacji, że dwoje fajnych ludzi może pójść w różne strony, mogą się oddzielić i żyć osobno. Świat chce, żeby zawsze byli razem, żeby byli dowodem na stałość, bezpieczeństwo i niezniszczalną miłość. Ludzie myślą o takich sytuacjach jak o porażkach. Ja myślę, że to może być szansa na rozwój i na nowe życie. Może osobno albo nawet razem, ale inaczej niż do tej pory. Przecież wszystko się zmienia, nie ma stałości, nic nie jest wieczne. Zmiana to niekoniecznie coś złego, ale zmiana w związku dwóch ludzi zawsze przynosi na myśl dramat, porażkę i ból.

A można pomyśleć przecież, że to nie koniec, tylko dalszy ciąg naszej historii.

Kiedy uświadamiasz sobie, że mogło Cię tu nie być

Moja mama powiedziała: *Córeczko, ja wiem, co jest dla Ciebie dobre. Życzę Ci szczęścia i wiem, co jest Twoim szczęściem – No, Mamo, nie wiem, czy wiesz. Skoro ja sama nie wiem. Mamo, to Ty walczyłaś o mnie jak lwica, gdy byłaś w trzecim miesiącu ciąży, gdy lekarze bez Twojej zgody chcieli mnie usunąć z tego świata. Wiedziałaś wtedy, co robić. Powiedziałaś, krzyczałaś: „Absolutnie się nie zgadzam!" To możliwe, że Ty zaszczepiłaś mi tę walkę o przetrwanie. Dziękuję Ci za ten dar, za tę chwilę, za Twoją moc i siłę. Sama wydałaś na świat dziewczynkę, która stała się kobietą. Taką właśnie kobietą. Nauczyłaś mnie walczyć o siebie, o swoje przetrwanie. Dziwisz się, że idę swoją drogą i że żyję po swojemu? Dziękuję Ci za to, kim jestem i za to, gdzie jestem. Jesteś wspaniałą kobietą. Moją pierwszą kobietą w życiu. Moją skorupką, skórą, oceanem miłości. Czuję, jak bardzo mnie kochasz i to jest tak piękne uczucie, że wyrazić je trudno. Dziękuję Ci, kochana Mamo!*

Ciebie też mogłoby tu nie być. Ty też jesteś na tym świecie przez chwilę tak jak ja. Może dziwne, że w ogóle jesteś, może różne okoliczności Ci nie sprzyjały, ale Ty nadal jesteś. Zastanów się co zrobić z tym darem, z własnym życiem. Masz to życie dla siebie, możesz z nim zrobić, co chcesz. Możesz się z niego cieszyć, możesz na nie narzekać, możesz żyć tak, jak inni chcą, żebyś żyła, ale możesz też żyć po swojemu. I jestem pewna, wybór należy do Ciebie. To jak gra planszowa, rzucasz kostką i idziesz. Nie wiesz, ile wyrzucisz oczek i gdzie pójdziesz, ale masz możliwość nienawidzić tej gry, albo się w nią bawić. Możesz się dziwić, gdzie dochodzisz swoim pionkiem, korzystać z szans, ryzykować, cieszyć się z drogi, ciekawić się tym, co Ci się przytrafia. Kiedyś będzie jej kres. I to na pewno, ale teraz jest dziś i wybieraj: bawisz się i grasz czy udajesz, że nic Cię to nie obchodzi i męczysz

się w środku każdego dnia.
Słuchaj, czy Ty wiesz, że niedługo umrzesz? Nie wiadomo kiedy ale wiadomo, że to nastąpi niedługo, bo życie na Ziemi jest bardzo krótkie i szybko upływa. Ile masz lat? Ja mam 44 i minęły mi te lata w mgnieniu oka. Byłam mała, za chwilę młoda, a teraz jestem coraz bardziej dojrzała. Dla mnie to dobry czas na zastanowienie się, co i jak dalej. Dobry czas na ustalenie rytmu mojego życia, stylu mojego funkcjonowania, priorytetów. Już nie chce mi się pędzić i tracić czasu (głównie) na zarabianie pieniędzy. Chcę trochę czasu dla siebie, chcę być bliżej z ludźmi mi bliskimi, chcę się cieszyć życiem teraz, póki jeszcze żyję. Wolę poczytać książkę, pograć z dzieckiem w planszówkę, potańczyć. Nie mam już za czym pędzić. Dogoniłam czas. Jest tu. Nie muszę się spieszyć, mogę zwolnić. A czego Ty byś chciała?[1]

---

[1] zadanie 17, 18

Kiedy myślisz o sobie, że jesteś głupia

Jeśli myślisz, że coś z Tobą nie tak, to niezbyt dobrze wpływa na Ciebie. Myśl inaczej – Twoje myśli mają wpływ na Ciebie. Jeśli myślisz, że inni radzą sobie lepiej, że nie przeżywają kryzysów, że wszystko im jakoś łatwo wychodzi – to jesteś w błędzie. Oczywiście są ludzie, którzy radzą sobie lepiej, są też tacy, którzy radzą sobie gorzej. Nie ma sensu porównywanie się z innymi. Patrzysz na inne kobiety i myślisz: młodsza, piękniejsza, szczuplejsza... I co z tego? I co z tego masz? Jak postrzegasz siebie?

Pewna kobieta opowiedziała mi, że często mówiła do siebie: A, ty głupia cipo! Ponoć, już jej babcia tak mówiła na siebie. Niesamowite! Określała tak siebie, jak jej coś nie wyszło, jak o czymś zapomniała, jak coś niechcący popsuła lub jak popełniła błąd czy czegoś nie wiedziała. Uniwersalne określenie, prawda? Po pierwsze, nieładnie z jej strony, że myśli, że cipa jest głupia. Po drugie smutne to cholernie i już. Słyszałam jeszcze wiele innych bardzo mocnych i smutnych określeń kobiet wobec siebie, które nie wnoszą nic dobrego, nie mają sensu i są często zupełnie nielogiczne.

Napisz uczciwie, w Twoim pięknym zeszycie, co tak naprawdę w głębi serca o sobie myślisz. Napisz, jak siebie określasz. Skup się na początek na przykrych określeniach, smutnych myślach o sobie. Bądź mega uczciwa, nikt nie będzie tego czytał (mam nadzieję). Potem poczytaj sobie na głos to, co napisałaś, wyrwij kartkę i spal te słowa. Symbolicznie się pożegnaj z takim siebie traktowaniem. Pójdź do ogrodu lub podejdź do zlewu w kuchni i paląc kartkę, przeproś siebie na głos, za takie okrutne (lub niemiłe) nazywanie i traktowanie własnej osoby. Potem usiądź i napisz o sobie dobre i prawdziwe rzeczy. Napisz, co masz w sobie fajnego, dlaczego ludzie Cię lubią. Wypisz po

10 przykładów odnoszących się do:

- tego, co potrafisz (10 rzeczy, które robisz dobrze)
- tego, co osiągnęłaś w życiu (10 sukcesów)
- tego, co myślisz o sobie (10 nowych, miłych określeń na swój temat)

Po wykonaniu zadania zrób sobie herbatkę, otul się kocykiem i posiedź sobie miło w ciepełku jakieś 15 minut w ciszy.

Ja myślałam, że jestem głupia. Nawet jak zrobiłam dwa razy magistra, nawet jak zostałam psychoterapeutą, nawet jak zdałam maturę z matmy na 5 (taką rozszerzoną). Cały czas myślałam, że jestem głupia. Zdarza mi się jeszcze, ale już rzadko. W ogóle tak myślałam o kobietach, że są głupie, że mężczyźni posiadają mądrość, a kobiety są jakby ich uzupełnieniem i stworzone są dla nich. Nikt mi tego nie mówił, nikt mnie tego nie uczył. Po prostu tak czułam. Taki przekaz odczytałam z tego, co widziałam. Dziś myślę, że mam mądrość, nie uważam się za mądrą, ale czuję, że wcale taka głupia nie jestem. A w swoim życiu poznałam wiele mądrych kobiet i dzięki nim zrozumiałam, że są mądre kobiety, i to jak!

I zaczęłam cenić tę połowę świata, taką piękną połowę, ale jakże piękną wewnętrznie. Kobiety posługują się ukrytą i inną mądrością. Nie widać jej na pierwszy rzut oka. Potrafią łączyć w sobie nieco inaczej doświadczenie, wiedzę, zmysły i z tego tworzą całość. Mają niesamowitą intuicję, wyczucie, emocjonalny takt. Tak myślę. A Ty jesteś mądra?

Przypomina mi się rozkoszna rybka Dory z bajki Gdzie jest Nemo, która cierpiała na brak pamięci krótkotrwałej. Czy była głupia? Miała problemy z pamięcią, owszem, ale miała intuicję i jeszcze coś niesamowitego: skupiała się tylko na tym, co teraz. Przez to była w pełni sobą, dla niej nic innego nie istniało, nie było przeszłości, nie było przyszłości, była spontaniczna i skupiała się na aktualnym zadaniu. Nie bała się ryzyka, nie bała się żyć, w ogóle się nie bała. I te jej teksty niesamowite: Wiesz, co się robi, gdy życie dołuje? Mówi się trudno i płynie się dalej. I jej piosenka: Rybka lubi pływać, dopóki jest żywa. Czasem mądrość życiowa jest gdzie indziej niż w głowie. :-)

A Kubuś Puchatek – głupiutki miś? Taki prosty, że aż rozbrajająco mądry.

Jaki dziś dzień – zapytał Puchatek, dziś – odpowiedział Prosia-

czek, na to Puchatek – to mój ulubiony dzień.[1]
Nie bądź głupia, przecież wiesz, że jesteś mądra.[2]

---

[1] cytat z bajki *Kubuś Puchatek*
[2] zadanie 19 i 20

Kiedy dajesz sobie nowe imię

Moje pierwsze imię nadane przez siostrę to Eve. Nie umiała powiedzieć całości imienia (Ewelina), moja o 8 lat młodsza siostra. Zostało tak dla rodziny, potem dla bliskich przyjaciół, potem imię szło spontanicznie w świat i nazywała mnie tak rodzina ziemska, nie rodzina z krwi i genów, tylko rodzina pięknych, napotkanych na mojej drodze ludzi. Niektórzy są bliżsi niż rodzina. Niektórzy bracia bliżsi niż własny brat. Dla Ciebie też jestem Eve. Od nazwiska, niektórzy mówią na mnie Sikorka. Uwielbiam to określenie. To mój pseudonim artystyczny jako kreatywnego fotografa Sikorka – Photo Flow (na Facebooku), Sikorka Flow (kanał na YouTube). A moje ciche inne imię, które nadałam sobie sama podczas pisania tej książki, a właściwie dziś, to Perseida. To od deszczu meteorów (czyli zjawiska spadających gwiazd), które ma miejsce co roku w moje urodziny, tj. 12 sierpnia. Taki prezent od nieba, co roku dostaję.

Opis tego deszczu pasuje do mojej sytuacji na ziemi i do mojego zadania, którego się podjęłam, pisząc do Ciebie. A Ty masz jakieś zadanie? Na pewno masz, tylko może nie wiesz jeszcze jakie.

Jak to rzekł niejaki Pan Wójcicki z Centrum Nauki Kopernik: to co, wydaje się spadającą gwiazdą (tak, ostatnio mocno podupadłą), *w rzeczywistości jest zaledwie drobiną pyłu* (taka też się czuję malutka), *często nie większą od ziarenka piachu. Wpada ona w ziemską atmosferę* (wpadłam) *i na skutek tarcia o nią rozgrzewa się* (twórczo), *ulega spaleniu* (moje starzenie się i umieranie) *a ślad takiego procesu obserwujemy na niebie, jako krótkotrwały, szybki błysk* (może to, ta książka będzie tym śladem). Właśnie sprawdziłam w kalendarzu faz księżyca i okazało się, że urodziłam się w pełnię. Ale jaja! Więc oto ja – w pełni kobieta – Eve, Perseida, Sikorka.

Imię *Perseida* pasuje do małej dziewczynki, która mieszka we mnie. Ach! Kochana, masz już imię! Podoba Ci się?

A Ty jak masz na imię? Może lubisz swoje? A może nie bardzo?

Poszukaj swojego nowego, innego imienia. Nadaj je sobie. Jeśli masz chęć. Może już cichutko się w Tobie tli? Może się samo niebawem ujawni? Masz odwagę poprosić znajomych, żeby Cię inaczej nazywali? Spróbuj się inaczej przedstawiać, inaczej podpisywać. Oczywiście, jeśli masz na to ochotę.

Pamiętaj, proszę, że wszystko, co tu sugeruję, jest dla Ciebie propozycją nie wprost, metaforą samą w sobie. Szukaj siebie po swojemu, wykonuj moje zadania po swojemu, idź swoją drogą. Jeśli stanę się Twoją inspiracją, to będzie dla mnie zaszczyt. Kopiuj po swojemu, inspiruj się, ile wlezie i twórz siebie na nowo i po swojemu.[1]

---

[1] zadanie 21

Kiedy odkrywasz, że masz w sobie małą dziewczynkę

Mieszka we mnie mała dziewczynka, jest delikatna, ale i bardzo mądra. Jest spontaniczna, lubi się bawić, uwielbia się śmiać i żartować. Lubi jeść lody i borówki amerykańskie. Ma kilka lat, umie już mówić. Mówi co myśli. Złości się, płacze, boi się. Jest prawdziwa. Nie udaje, nie zakłada masek. Ma na imię Perseida. Przychodzę czasem z nią porozmawiać. Bardzo lubimy te nasze spotkania. Ona mieszka w małym domku, który sobie zbudowała ze stołu, krzeseł, poduszek i koców. Uwielbia tam się bawić w na niby i w dom. To taka mała Niunia (tak mnie, mama nazywała), która potrzebuje czasem mojego wsparcia, mojej siły i przytulenia. A ja potrzebuję jej prostej mądrości życiowej. Jest zabójczo prostolinijna. Ma dar widzenia skomplikowanych spraw w klarowny sposób. *Umie rozwiązywać zagadki, przechodzić labirynty i łączyć kropki* i robi to w mig. Czasem, jak coś powie – buty spadają. Trudno ją zignorować, ale wielkiej odwagi wymaga słuchanie tego, co mówi i działanie zgodnie z jej pomysłami. Ona chce, ona wie, że może, ona ma nadzieję, ona kocha życie i ludzi. I we wszystkim widzi szansę. W porażkach widzi naukę, w złych ludziach widzi dobro, w przeszłości dobre chwile, w przyszłości marzenia. Oj, nie boi się marzyć. Ciągle marzy i bawi się na okrągło. Lubi zabawę w Księżniczkę. W tej zabawie ma moc otrzymywania tego, co chce. Ma moc zdobywania nowych umiejętności. Ma moc realizowania własnych myśli i marzeń. Jest piękna, chciana i kochana.

A Twoja dziewczynka? Jaka jest? Opisz ją? Odkryj ją, sprawdź, co robi. Posłuchaj, co mówi. Porozmawiaj z nią. Zapytaj, czego potrzebuje. Zadaj jej pytanie. Posłuchaj, co Ci odpowie.[1]

---

[1] zadanie 22, 23

Kiedy odkrywasz swoje miejsce mocy

Poproś, aby ktoś Ci bliski, powoli przeczytał poniższy tekst, a Ty poleć do krainy wyobraźni i poszukaj swojego miejsca mocy. Zorganizuj sobie miłą spokojną atmosferę. I wybierz się w podróż do wnętrza siebie. Możesz nagrać swój głos na dyktafonie (masz w telefonie) i potem posłuchać i podążać w wyobraźni za swoim głosem.

Zamknij oczy. Wyobraź sobie, że wybierasz się na wycieczkę w piękne miejsce. Usiądź wygodnie i puść wodze fantazji. Wyobraź sobie swoją podróż. Jedziesz w nią sama. Jakim środkiem transportu i dokąd się wybierzesz? Jesteś w drodze. Oglądaj, co widzisz, doświadczaj podróży. To jest podróż w piękne miejsce, podróż dla Ciebie. Jedziesz lub idziesz... i docierasz do domu. Powoli podejdź bliżej. Zobacz, co go otacza. Może jest tam piękny ogród, zobacz, co tam rośnie, pooglądaj okolice domu. A potem wejdź do środka i go pozwiedzaj. Popatrz, jakie są tam pomieszczenia, jakie okna, meble, ściany. Kiedy już zwiedzisz wszystkie pomieszczenia, wejdź do kuchni. Tam jest kobieta. Zaprasza Cię na herbatę. Usiądź i pobądź z nią. Możesz jej zadać pytanie. Posłuchaj, co Ci odpowie. Porozmawiajcie. Po rozmowie podziękuj i powoli wróć do swojego tu i teraz. Wróć myślami do rzeczywistości, pooddychaj i otwórz oczy.

Co widziałaś? Opisz to wszystko w zeszycie. Opisz swoją rozmowę, swoje odczucia, swoje odkrycia. Możliwe, że spotkałaś symbolicznie samą siebie w swoim wewnętrznym domu. Kobieta mogła być, do Ciebie nie podobna, ale prawdopodobnie reprezentuje Twoją mądrość wewnętrzną. A dom, to Twój wewnętrzny dom. To Twoje miejsce mocy, możesz do niego wracać w wyobraźni, kiedy zechcesz, żeby odpocząć, możesz też podróżować do niego i do siebie, w trudnych chwilach w życiu, żeby o coś ważnego zapytać. Tam jest Twoja mądrość i tam jest bezpiecznie. To miejsce jest Twoje i nikt Ci go nie odbierze.[1]

---

[1] zadanie 24

Kiedy przeczytałaś 34 książki i jeszcze Ci mało

Wiesz, przez ostatni trudny czas wróciłam do czytania w sposób namiętny. Przez około pół roku przeczytałam 34 książki! Wcześniej nie miałam na to czasu. Od tamtej pory nic się nie zmieniło, a jednak jakimś sposobem czas na czytanie się znalazł. Ten list jest mieszanką tego, co przeczytałam z tym, czego doświadczyłam, z tym, co się teraz u mnie odbywa i z tym, co robię w swojej pracy jako psychoterapeuta. Podczas terapii innych, nie opowiadam o swoim życiu, ale tu sobie pozwoliłam. Bo co, kurde blade. Poczułam taką potrzebę, poczułam, że moja historia może być dla Ciebie ważna, a nie tylko moja mądrość terapeuty. To trochę wbrew nurtowi, wbrew wszystkiemu i trochę nawet mnie samej. Nie spodziewałam się takiego obrotu sytuacji. Kiedy jednak zaczęłam się sama mierzyć z wielkimi trudnościami w sobie, a potem znalazłam na nie sposób, poczułam, że to może jest droga do Ciebie, że w ten sposób mnie usłyszysz. Przy okazji Ty słuchasz mojej historii, dziękuję Ci za to. Nawet jeśli nie zrozumiesz mnie albo nie poczujesz, to przynajmniej sobie piszę do samej siebie. Wszystko mi się w głowie teraz porządkuje i układa w jakąś większą całość... Na końcu tego długiego listu napisałam dla Ciebie tytuły przeczytanych książek. Będzie ich tam nieco więcej niż 34. Bo kryzys u mnie trwał dłużej niż ta półroczna mega namiętność książkowa. Czytałam wcześniej i czytam nadal – ale już w normalniejszym tempie. Polecam je wszystkie jako lekturę obowiązkową. Hi hi hi... Nawet nie wiedziałam, że aż tyle jest tak wartościowych pozycji książkowych. Mnóstwo ważnych rzeczy i osób, które odkryłam w Internecie – niektóre z nich, także wypisałam na końcu tej książki. Wszystko mi się w głowie pomieszało. Już czasem nie wiem, co gdzie przeczytałam, skąd coś wiem, gdzie coś usłyszałam. Z tej mieszanki powstał ten list do Ciebie. Z tej mieszanki powstałam cała ja. Przepraszam autorów za niedociągnięcia w cytowaniu i wskazywaniu źródeł w odpowiednich miejscach. Bardzo przepraszam. I do tego trzeba jeszcze dodać osoby-książki, które przeczytałam dzięki temu, że się przede mną otworzyły. To pacjenci i przyjaciele oraz osoby z sieci. I jeszcze rozmowy z bliskimi i ich ogromne wsparcie, które dopełniło tej listy.

Kiedy przyznajesz, że jesteś bardzo wrażliwa

Mówił Ci ktoś kiedyś, że jesteś zbyt wrażliwa, przewrażliwiona, że przesadzasz, że nadmiernie reagujesz, że masz problem z emocjami, że jest ich za dużo, że są zbyt silne? Sama myślałaś, że coś jest z Tobą nie tak, że jesteś jakaś inna, jakaś niedopasowana, nieprzystająca do tego świata? A może myślałaś czasem, że jesteś mega wyjątkowa i nikt Cię nie rozumie i inni nawet nie widzą Twojej niespotykanej wyjątkowości?

Sprawdź może, czy należysz do grona osób wysoko wrażliwych. Lektury dla Ciebie spisałam na końcu książki.

Męczą mnie dźwięki niepożądane – hałas, bary, lokale, w których jest dużo ludzi, tłumy. Nie lubię zamieszania, marketów, głośnej dyskotekowej muzyki, disco polo, jazz też nie bardzo mi wchodzi, i hi hi... lubię dźwięki, które znam, podobnie jak inżynier Mamoń w filmie Rejs. Ponadto słyszę dźwięki, których nie słyszą inni, tykanie zegara, dźwięki zza okna. Mam wyczulony węch, wyczulone na kolory i kształty oczy. Moje ciało też jest bardzo wyczulone i fakt ten przysparza mi sporo niedogodności. Nie lubię, jak Najmłodszy wierzga nogami, gdy zasypia i niechcący mnie nimi tryka, nie lubię tańczyć z obcymi mężczyznami, którzy są za blisko mnie, nie lubię, jak mnie delikatnie dotykają, podczas przepuszczania w drzwiach. Nie lubię dotyku, kiedy jestem zestresowana i takie tam... Ubrania muszę mieć wygodne, w samochodzie swoją muzykę, w domu ciszę i porządek (małą ilość przedmiotów). Zbytnie nagromadzenie rzeczy rozprasza mnie i pobudza. Żeby się skupić na jakimś zadaniu, muszę mieć wokół komfort. Jak piszę SMS, to nie słyszę, co ktoś do mnie mówi. Jak kogoś słucham, to nie lubię mieć włączonego radia. Jak gram w trudną grę planszową, to mogę słuchać muzyki tylko po angielsku. Polskie słowa z muzyki mieszają mi się z tymi z gry. No czad, po prostu! Gdy piszę, dzieci są w innym pokoju, mam zamknięte drzwi, wyłączone radio. Łatwo się męczę sensorycznymi wrażeniami, łatwo mnie to przebodźcowuje. Kiedy tak się dzieje, szybko staję się zmęczona i mega poirytowana. Łatwo mnie przestraszyć i to bardzo. I bardzo tego nie lubię! Muszę porządnie się wyspać, żeby porządnie funkcjonować. Mam dużo snów. Dużo myślę i mam bardzo bujną wyobraźnię. Nie lubię horrorów. Dla mnie horrorem jest telewizor i wiadomości ze świata, które trawię tylko w wersji radiowej, bez obrazu. Mocne obrazy zostają w moim umyśle na długo lub na zawsze, dlatego muszę chronić przed nimi mój mózg. Kiedyś myślałam, że jestem bardzo nerwowa, że jestem jakaś dziwna i taka aspołeczna. Teraz wiem, że mam takie wyposażenie genetyczne – moja babcia tak miała, mój tata ma podobnie. Każdy na swój sposób, bo ta przypadłość objawia się indywidualnie. W moim gabinecie około 70% pacjentów to ma. A kobiety w ogromnej większości. Ta wrażliwość dotyczy bodźców sensorycznych, ale także myśli i odczuwania uczuć, czyli świata psychiki, kontaktów z ludźmi i duchowości. Masz coś podobnego? A... i jeszcze ból, możesz go silniej odczuwać, niż inni, ból fizyczny i ból psychiczny. Ja na szczęście mam sporą tolerancję na fizyczny ból – ufff. U dentysty potrafię się zrelaksować. Przeżyłam dzielnie trzy naturalne porody, a w tym całym zamieszaniu najgorsze były dla mnie wenflony i pobieranie krwi – czyli ingerencja ciała obcego w mój organizm – igły, ale za to ból psychiczny odczuwam pięknie i doskonale.

Jeśli mój opis w jakiś sposób pasuje do Ciebie, to prawdopodobnie jesteś osobą wysoko wrażliwą, a nie przewrażliwioną, ani zbyt wrażliwą. I nie przesadzasz, tylko nie nauczyłaś się jeszcze funkcjonować ze swoją wrażliwością w tym świecie (pomimo swojego wieku i sporego doświadczenia życiowego, hi hi hi...). Ciągle się próbujesz dopasować do większości i jakoś Ci nie wychodzi. Nie pozwalasz sobie być inną i nie akceptujesz tego, że jesteś inaczej skonstruowana i masz inne potrzeby. Poczytaj o tym i popracuj nad tym. Ja już zaakceptowałam i nawet polubiłam taką inną siebie, inną niż świat. Inną, nie znaczy gorszą, po prostu inną, a przy tym, rzeczywiście wyjątkową.

Możliwe, że fundujesz sobie taki styl życia, który Cię przeciąża i może trwać to już wiele lat. U mnie to było ponad 20 lat życia w pędzie i nadużywaniu siebie. Możliwe, że wiele rzeczy jest ponad Twoje siły, ale dzielnie je znosisz. Możliwe, że to doprowadziło do trudnego momentu w Twoim życiu. Może powinnaś coś z tym zrobić i poważnie się przyjrzeć temu, jak funkcjonujesz na co dzień. Takie przeciążenie (i dodatkowo niezrozumienie siebie) wpływa na inne sfery życia i mocno zaburza relacje z innymi. Może ono doprowadzić do załamania, depresji, wypalenia zawodowego, zagubienia sensu życia czy rozpadu związku. Także, sprawa jest poważna.

Jeśli okaże się, że to jest sedno Twoich problemów – to, o ile o siebie porządnie zadbasz – jesteś uratowana!

Są spore plusy z tej wysokiej wrażliwości, np. wielka kreatywność, spostrzegawczość, szybkie uczenie się nowych umiejętności, wyczulenie na niebezpieczeństwo, przewidywanie przyszłości i następstw zdarzeń, intuicja, empatia, widzenie niuansów i nieoczywistości, umiejętność wczuwania się w innych i rozumienie bez słów, czytanie w myślach (tu lekko przesadziłam), lepszy wgląd w siebie, wrażliwość na potrzeby społeczeństwa, ciekawość świata i wyrobiona dzielność i wytrzymałość, umiejętność przystosowania się do nowych warunków, otwartość na doświadczenie, rozwinięte myślenie abstrakcyjne, odwaga w przekraczaniu granic, zgoda na życie wbrew ogólnemu trendowi, wielka indywidualność.

Ja tam się cieszę z takiego obrotu sprawy. Dzięki tej wrażliwości jestem, kim jestem, jestem tu, gdzie jestem, fotografuję, pracuję z ludźmi i piszę tę książkę i odważam się siebie ujawniać, bo widzę w tym sens. Jestem dla Ciebie przykładem, że można z tym jakoś żyć. Jak wiesz, nie zawsze było mi z tym łatwo i musiałam się siebie nauczyć. A najtrudniejsze i najcenniejsze lekcje odbyłam bardzo niedawno.[1]

---

[1] zadanie 25

Kiedy otulasz się ciszą

K ocham ciszę i kocham być sama ze sobą. Nigdy się nie nudzę. Nawet, jak nie mam nic do roboty i odpoczywam, mój umysł jest taki ciekawy, że nie można się z nim nudzić. W ciszy odpoczywam od bodźców. Nie mam telewizora, słucham tylko Trójki lub mojej ulubionej muzyki. Mam tego mnóstwo, na każdy nastrój, na każdy dzień, ale najlepsza jest cisza. To mój lek na przebodźcowanie, na przeciążenie, zmęczenie. Lubię leżeć na podłodze w ciszy. Czytam w ciszy książki.

Zrób eksperyment i nie włączaj niczego w domu przez cały dzień. Bądź w ciszy i tylko ze sobą. Odpocznij od bodźców. Pozwól swojemu umysłowi na podróż w głąb siebie. Może nie być łatwo, szczególnie jeśli od wielu lat coś w sobie zagłuszasz. Prawdopodobnie odezwie się to, czego nie chcesz słyszeć, ale jeśli jest coś takiego – to jest ważne. Zobacz to. Napisz o tym, co się w Twojej ciszy pojawia. Co słychać w Twojej ciszy?

Żyjemy w trudnym świecie i w trudnych czasach. Wszystkie poprzednie czasy też były trudne (żeby nie było). My nie jesteśmy dopasowani do świata. Nie uczą nas w szkołach jak żyć, jak się dostosować, jak się dopasować lub zbuntować się przeciwko czemuś, czy też przeciwko czemu w ogóle warto się buntować. Rodzice dbają, żebyśmy skończyli szkoły, studia, zdobyli zawód i zarabiali na siebie. Ach! Co za interesująca perspektywa. Żyć, po to, żeby przeżyć! Świat jest okrutny, niesprawiedliwy, nieprzewidywalny, różnorodny i niejasny. Na świecie żyje mnóstwo ludzi i każdy jest inny, jednocześnie oczekiwania dla wszystkich są podobne. Mamy chodzić do pracy na 8 godzin lub więcej, spać 8 godzin lub mniej. Mamy mieć domy, samochody, fajne meble, fajne sprzęty i fajne buty. Mamy mieć dzieci i zarabiać na życie. Mamy zarabiać na społeczeństwo, na podatki, ubezpieczenie. Nie zawsze zostaje nam z tego na własne życie. Cieszymy się, gdy nam starcza na jedzenie, czynsz i benzynę. A wakacje, to już rarytas.

Czy ktoś Cię uczył, jak wypoczywać? Czy ktoś Ci mówił, jak cenna jest cisza i wsłuchiwanie się we własny umysł? Czy ktoś Ci mówił, co robić, jak się pogubisz? A co robić jak się życiem zmęczysz?

Wyłącz wszystko, odpocznij i otul się ciszą.[1]

---

[1] zadanie 26

Kiedy sprzątasz wokół i sprzątasz w umyśle

Masz bałagan, a lubisz mieć porządek? Posprzątaj. Wkurzają Cię leżące przedmioty tak jak mnie? Jeśli przedmioty u Ciebie nie mają swojego miejsca lub jest ich za dużo, to dobry moment na porządki. Porządek w przedmiotach, w świecie materialnym, w papierach, w ciuchach, w Twoim domu ma wpływ na Twój umysł. Zacznij od pozbywania się nadmiaru. Usuń z domu wszystkie przedmioty, których nie używasz (a ciągle myślisz, że się kiedyś przydadzą). Możesz na początek wsadzić je w kartony i wynieść do piwnicy czy garażu. Po kilku latach możesz je spokojnie wyrzucić (nie zaglądając do środka), ale nie musisz czekać. Rozejrzyj się wokół. Podoba Ci się to, co widzisz? Lubisz swój dom? Chciałabyś coś w nim zmienić, udoskonalić, przemalować. Zrób zmianę w przestrzeni materialnej, a pomoże ona dokonać kolejnych, głębszych zmian w Tobie. Pierwszy krok – niepotrzebne wkurzające przedmioty, durnostojki, kurzołapki. Wywal wszystko z półki, z regału, wyrzuć na podłogę, przejrzyj, wyrzuć masę i zostaw tylko to, co Ci się naprawdę bardzo podoba. Uwaga, pozwalam Ci wyrzucić prezenty i sentymentalne rzeczy, które przypominają Ci dawne czasy. W dupie z tym! Jakie dawne czasy? Po co Ci dawne czasy? Zrób sobie w domu czasy teraźniejsze.

Ja lubię, jak mam meble niskie, a w meblach przedmioty, a na meblach nic. Parapety puste lub z kilkoma świeczkami. Czysta podłoga. Jedna lampka na biurku, małe przedmioty w pudełkach. Nie mam ideału w domu, ale mam tak, jak lubię, mam tak, żeby mnie nie wkurzało. Jeśli jakiś nieład mi nie przeszkadza – to jest w porządku, ale jak mnie wnerwia, to sprzątam, żeby mnie nie wnerwiał. Możesz popracować nad miejscem, w którym przebywasz na co dzień. Bałagan to też bodziec, bałagan męczy umysł. Przynajmniej mój. I jeszcze łazienka, jeszcze ciuchy w szafie... Fajna lektura na ten temat znajduje się na końcu listu do Ciebie, na końcu książki.[1]

---

[1] zadanie 27

Kiedy chudniesz 5 kg

A teraz czas na porządki w Twoim ciele. Chcesz schudnąć 5 kilogramów? Prawie każda kobieta chce schudnąć. Ja chciałam bardzo. Moje ciało urosło sobie w stresie, bo w stresie chętnie jadłam słodycze i niezdrowe przekąski. Robiłam sobie dobrze, poprawiałam sobie humorek. I dupa! I dupa mi urosła, hi hi hi... Nie umiałam schudnąć nawet kilograma, pomimo ruchu, jaki z tym ciałem uskuteczniałam. Aż wreszcie natrafiłam na dietę, a właściwie post owocowo – warzywny dr Ewy Dąbrowskiej. I podjęłam wyzwanie na 21 dni. Nie będę Ci tu pisać o szczegółach, jak będziesz chciała, to znajdziesz sobie informacje na ten temat. Wiadomo, gdzie szukać, ale dieta jest prosta, mądra i paradoksalnie odżywcza dla organizmu. 21 dni warzyw i wody oczyściło mój organizm, ale rozjaśniło też umysł! Ten post jest oczyszczający i leczniczy. W trakcie postu, dobre samopoczucie i siły witalne powiększały się z dnia na dzień. Czary? Ach, jak to mnie odmieniło! Trudno to opisać. Zaraziłam tym tematem kilka osób, które też są zachwycone efektami. Ja mogę Ci dać na to gwarancję, jeśli się tego uczciwie podejmiesz, na pewno schudniesz, lepiej się poczujesz i oczyścisz organizm. Dla mnie to nie było bardzo trudne, od prawie zawsze jestem wegetarianką, więc jedzenie warzyw, nie było wielką nowością. Trudne było odstawienie kawy (dwa dni bólu głowy) i przestawienie głowy na nowe tory myślenia o jedzeniu. Ważne jest potem wychodzenie z postu, które trwa tyle samo, co sam post. No i potem pozostanie przy zdrowych, nowych nawykach żywieniowych. Schudłam 5 kg i waga utrzymuje się już 2 miesiące, bo dbam o to, co jem. To jest mega czadowe mieć mniej w pasie i luźne spodnie i uśmiech na twarzy, bo się udało coś, co wydawało się niemożliwe. Ty też możesz schudnąć. Ta dieta zadziała bankowo! Sprawdź tylko, czy możesz ją zastosować przy swoich schorzeniach, jeśli masz jakieś poważniejsze i ustal jaki czas diety jest dla Ciebie wskazany. Pełny wymiar postu leczniczego trwa 42 dni. Ja wybrałam 21 dni, bo nie miałam się z czego leczyć, ale chciałam oczyścić organizm i zrzucić z siebie kilka zbędnych kilogramów. Rzeczywiście były zupełnie zbędne! Nieco chudsza, będziesz zdrowsza i szczęśliwsza i dumna z siebie. Jeśli jesteś chora na anoreksję – nie rób tego. Jeśli jesteś bardzo szczupła, skonsultuj się z lekarzem (lub farmaceutą, gdyż każda dieta niewłaściwie stosowana, zagraża Twojemu życiu lub zdrowiu).

Chyba nie muszę dodawać jak mi mega fajnie? A koleżanki pytają, jak to zrobiłam, że tak fajnie wyglądam. Teraz zajadam przy pisaniu suszone mango i orzechy nerkowca, popijam herbatkę z cytrynką, jest 19:22 i kolacji już nie będzie. A ciało mi dziękuje. A ja dziękuję ciału.[1]

---

[1] zadanie 28

Kiedy masz mnóstwo zaległości i ciągle odkładasz coś na potem

Zaległości są podobne do bałaganu w domu. Zaśmiecają i męczą umysł. Zrób sobie listę rzeczy, które czekają od lat na zrobienie i rób pomału to, co odkładałaś na potem. Odhaczaj ptaszkiem i ciesz się z rosnącej ilości ptaszków! Ptaszki są bardzo satysfakcjonujące i sprawiają wiele radości. To ma nawet swoją nazwę. Nie te ptaszki, tylko odkładanie na potem – prokrastynacja. To jest coś, co produkuje stres, napięcie i obciążenie. Jak niesprzątane przedmioty w domu, niedokończone mycie naczyń, niedoklejone listwy przypodłogowe, kiedy od czasu remontu minęło już kilka lat.

W sumie to niezłe porządki Cię czekają z każdej strony. Mamy porządki w domu, w szafie, porządki w myśleniu, w uczuciach, w relacjach, w jedzeniu, w stylu życia. Mamy zaległości w czytaniu, w dbaniu o siebie. Czasem słyszymy, jak ktoś do osoby z depresją mówi: weź się za siebie. Teraz mi się skojarzyło, że Ty możesz wziąć się za siebie poważnie, czyli zadbać o siebie w wielu aspektach. To takie fajne wzięcie się za siebie – takie lepsze potraktowanie siebie i nadrabianie zaległości wieloletnich w swoim temacie. Może Twoje paznokcie u nóg czekają na wypielęgnowanie, może możesz, biorąc się za siebie, wziąć mega miłą kąpiel? Zaległościami mogą być także Twoje potrzeby, Twoje pragnienia, Twoje marzenia. Może od dawna myślisz o czymś fajnym i odkładasz to już od 10 lat na potem. Nie ma potem. Jest teraz. Nie musisz czekać.

Poza tym, jeśli nie zrobisz starych rzeczy, nie będzie miejsca na nowe. Jeśli nie skończysz zaczętych spraw, nie starczy Ci sił na kolejne. Jak coś dokończysz, to ogarnie Cię satysfakcja tak jak z tą dietą. Będziesz się z tego cieszyć i poczujesz ulgę. Może masz jakieś wiszące niedokończone większe zadania życiowe, zawodowe, jakieś studia, jakieś prawo jazdy, jakiś remont, jakąś ważną rozmowę? Nie odkładaj.

Działaj już teraz. Rób małymi kroczkami i odhaczaj. A potem celebruj, nagradzaj siebie i dziękuj sobie.[1]

---

[1] zadanie 29

Kiedy odważysz się dbać o siebie i zaczynasz wierzyć, że Twoja własna droga jest najlepsza

Wnaszym świecie trzeba mieć odwagę, żeby dbać o siebie. Brzmi dziwnie, prawda? Jednak tak jest. Ludzie boją się pokazać, że sami dla siebie są ważni. Łatwiej jest dbać o kogoś niż o siebie. Łatwiej jest dla kogoś być miłym niż dla siebie. Łatwiej komuś prawić komplementy niż sobie do lustra powiedzieć miłe rzeczy. To niepopularne, myśleć o sobie pozytywnie, w ogóle to dziwne, myśleć pozytywnie. Popularne jest narzekanie, marudzenie, mówienie o tym, czego brakuje, wyrzucanie sobie, ubliżanie sobie. Na szczęście coraz bardziej popularne jest chodzenie do terapeuty i praca nad sobą. Jednak nawet u terapeuty, to trudny wątek do pracy: fajne rzeczy na Twój temat.

Dbać o siebie, to działać wbrew nurtowi rzeki. Myśleć głównie o sobie, to egoizm. Ja Ci powiem, że na początku moich trudnych decyzji miałam ogromne poczucie winy i strach, że zaraz coś złego mi się przytrafi. Czułam i bałam się, że świat mnie ukarze za egoistyczne zachowanie, ale w zamian za to, co rusz przytrafiały mi się miłe niespodzianki, miłe zbiegi okoliczności i życzliwość świata. Wszystko się układało, jak układanka, a drobne niedogodności szybko zmieniały się w nową jakość innego życia. Nadal się boję. Nadal czuję, że krzywdzę tym, że dbam o siebie. Nadal ściska mnie w brzuchu strach o to, czy dobrze robię. Każdego dnia jednak, wraz z coraz większym spokojem, odnajduję sens tego, co się dzieje, wielki sens dla mnie samej. Może i dla Ciebie też.

Odważyłam się dbać o siebie i zaczynam wierzyć, że moja własna droga jest najlepsza. Odważyłam się posłuchać siebie i pójść w życie po swojemu. To chyba logiczne, że moja własna droga jest dla mnie najlepszą z możliwych. Czyż nie? Jeżeli czuję się coraz lepiej, coraz bardziej u siebie, to chyba jest to najwłaściwsza z dróg. A narastający spokój i pogoda ducha, dodają mi odwagi na kolejne dni.

Pewnego dnia napisałam takie słowa: *Nie znajdując innego rozwiązania, ciągnącej się od kilku dobrych miesięcy patowej sytuacji, wyprowadziłam się. Teraz to dopiero jestem sama! Jak tu cicho. Jak tu ładnie. Jaki widok z okna. Świeżo wyremontowane mieszkanie przyjęło mnie ciepło, dało schronienie, obiecało spokój. Jestem tu sama (albo z dziećmi). Minęło sześć nocy. Uspokajam się i, co gorsza, nie chcę wracać. Patrzę przez okno i szukam widoku na przyszłość. Nie czuję opuszczenia, zaniedbania, żalu, nikt mnie tu nie opuszcza. Jestem ze sobą i się nie opuszczam. Czytam.*

Masz wybór, to Ty jesteś wyborem.[1]

---

[1] zadanie 30

Kiedy rodzisz samą siebie

Kilka tygodni później napisałam: W bólach wewnętrznych, w bólach duszy, serca i głowy, w bólach nieznośnych i niekończących się prawie – urodziłam samą siebie. *Urodziłam małą dziewczynkę. Jest przepiękna, niewinna, bezbronna. Kiedy śpi, lekko oddycha. Ma gładką skórę i szare oczy. Bardzo krzyczy, gdy od niej odchodzę. Nie mogę bez niej nawet wyjść do toalety. Ciągle jesteśmy razem. Dbam o nią, myję, karmię. Patrzę głęboko w jej błyszczące oczy i mówię: jesteś dla mnie ważna, nie jesteś sama, będziemy się trzymać razem. A w oczach jej widzę spokój. Jakiś ocean spokoju, głęboki ocean, aż czuję dreszcze, aż się trochę boję tej głębi. Co ja tam jeszcze zobaczę, czy ja się w tym nie utopię? Siedzę w szarym dresie, w szarym fotelu, mam szare oczy i piszę. Moje szare życie szuka dla mnie kolorów. Oczy są już suche. Dobrze, że mam małe niemowlę. Muszę się nim zająć, może trochę odwrócę uwagę od bólu, zajmę się nią. Mała Niunia śpi teraz słodko i bezpiecznie w swoim łóżeczku. Lekko oddycha. Dotykam delikatnie jej główki, ma takie mięciutkie blond włoski. Jestem jej potrzebna, beze mnie może nie przeżyć. Mam ważne zadanie. Dbanie o nią. Ciekawe kim będzie, gdy dorośnie?[1]*

---

[1] zadanie 31

Kiedy ona zamieszka z Tobą

K iedy Ty urodzisz małą dziewczynkę, opisz ją w zeszycie i za-
prowadź do miejsca mocy. I znów poproś kogoś miłego, żeby
powolutku przeczytał Ci poniższy tekst. Lub sama go przeczy-
taj, a potem udaj się w świat swojej wyobraźni i zaopiekuj się Tą małą,
dając jej dom, schronienie i poczucie bezpieczeństwa.
*Usiądź wygodnie i zamknij oczy. Wyobraź sobie, że jedziesz w po-
dróż. Powtórz tę podróż z poprzedniej wizualizacji, zrób to powoli i
delektuj się tym czasem. Patrz, co Ci się przydarza. Jak dotrzesz do
domu, porozglądaj się, sprawdź, czy coś się zmieniło. Na rękach ze
swoim niemowlęciem pozwiedzaj swoje miejsce mocy, swój wewnętrzny dom. Znajdź miejsce dla małej dziewczynki. Może to będzie jej pokój, może mały, miły kącik. Zadbaj o jej ciepło. Połóż ją spać. Niech
śpi w spokoju i w ciszy. A Ty zajmij się teraz sobą, zrób to, na co masz
ochotę. Usiądź gdzieś, pójdź gdzieś, zrób coś. Popatrz, co się dzieje.
Bądź u siebie i ciesz się chwilą.*

Po wszystkim zapisz te obrazy i swoje odczucia w zeszycie. Już
nie będę Ci o tym przypominać. O zeszycie. Jeśli stał się on Twoim
ukochanym towarzyszem życia, to wiesz, co i kiedy w nim zapisać.
Pewna cudowna kobieta, powiedziała mi kiedyś na sesji, że dla niej
zeszyt jest jak durszlak – odcedza wodę i pozostawia cenny makaron.
Fajnie to ujęła.

A Ty pomyśl, co w Twoim wewnętrznym domu było miłego, jakie
szczegóły pamiętasz i spróbuj sobie coś podobnego zorganizować w
swojej obecnej rzeczywistości. Chociaż tak symbolicznie.[1]

---

[1] zadanie 32

Kiedy postanawiasz wreszcie zostać księżniczką

Kim chciałaś być, jak byłaś małą dziewczynką? A pamiętasz w ogóle, że kiedyś byłaś małą dziewczynką? Ja chciałam zostać księżniczką hi hi hi... No nie tylko. Chciałam też zostać sprzątaczką, bo bardzo mi się podobało, jak w przedszkolu pani sprzątająca zamiatała podłogi. Jak wymiatała śmieci spod stołów, widać było od razu efekt jej pracy. To było dla mnie bardzo ekscytujące. Potem chciałam być nauczycielką w szkole, w tych młodszych klasach, taką miłą, mądrą i rozumiejącą panią, potem chciałam mieć sklep... i inne jeszcze pomysły na siebie miałam...

A Ty? Kim chciałaś być w przeszłości? W co się bawiłaś, jak miałaś kilka lat? Co lubiłaś robić? Co Ci imponowało? (nie piszę już, żebyś zanotowała to w swoim pięknym zeszycie, bo już chyba nie muszę...) Czasem duże dziewczynki realizują dziewczęce pomysły i w dorosłym życiu, bawią się w to, w co bawiły się w dzieciństwie: w sklep, w dom, w szkołę, w koniki. To często jest super pomysł na życie, na zawód lub na pasję! O czym marzyłaś jako dziewczynka?[1] Wiesz, mam swój pokój u siebie, a w nim uroczą lampę z kryształków. Kilka tygodni temu kupiłam sobie łóżko księżniczki. Wyrzuty sumienia trzymały mnie ponad tydzień. Myślałam, czy mnie na nie stać. Czy stać mnie na taki prezent dla siebie, taki miękki i przyjemny rarytas? A może powinnam spać w niewygodnym łóżku? Za karę. Czy bycie księżniczką w moim wieku (hi hi hi) wypada (skąd wypada, gdzie wpada? – co za durne określenie!)? Uporałam się z wyrzutami, łóżko stoi, ja nadal mam co jeść, śpię w nim smacznie i śnię w nim swoje głupoty. Jest białe, szerokie i tylko dla mnie. Nad ranem lub w nocy cichutko skrada się do mnie mały mężczyzna i delikatnie odsuwa koł-

---

[1] zadanie 33

drę, żeby się we mnie wtulić i pomieszać swoje sny z moimi. A rano nad nami połyskuje świetliście lampa pałacowa. Stać mnie na to, żeby kupić sobie coś, na co mnie nie stać... hi hi... A co! Dziś przyjeżdża nowa kołdra, poduszki i nowe poszewki w kwiaty, piękne delikatne, różowo–błękitno–biało–seledynowe. Oto ja, księżniczka bez ziarnka grochu, księżniczka bez księcia, księżniczka w swoim łóżeczku, księżniczka w swoim życiu.

Archetyp księżniczki hi hi hi... Nie istnieje taki, ale możemy go tu sobie stworzyć. Czemu nie? Otóż symbolicznie księżniczka uosabia moc i możliwości, siłę charakteru i pewność siebie. Mała księżniczka nie musi być dupą wołową. Może być przecież jak Merida Waleczna (z bajki), która pretendowała, wraz z innymi kandydatami, o prawo do starania się o własną rękę. Dziewczynka, która bawi się w księżniczkę, chce wierzyć, że może wszystko. Bawi się w to, że może wszystko, że dostaje od świata to, czego zapragnie. Księżniczka lubi piękno, otacza się ładnymi przedmiotami, lubi porządek, lubi wygodę, lubi naturę, kwiaty i zwierzęta, lubi ludzi, jest miła i ma dobre serce, ale najważniejsze jest to, że księżniczka wie, że jest najważniejsza. I nie wstydzi się tego. Jest pewna siebie, lubi siebie i szanuje swoje decyzje. Ma swoje własne decyzje i nie waha się ich użyć! Księżniczka myśli o innych i wkłada swoją energię w to, żeby coś dobrego zrobić dla świata. Nie jest (tylko) samolubna, ważny jest dla niej świat, ludzie i dobro, sprawiedliwość i pokój.

A księżniczka – to dziewczynka z Księżyca.

Czy chciałabyś zostać księżniczką? Hi hi hi... Ja już jestem, z tymi moimi decyzjami, z tą lampą pałacową i z tym łóżkiem pięknym... Tak – jestem i trochę się tego wstydzę. Boję się oceny innych. Boję się wyśmiania, krytyki. Boję się, że ktoś wytknie mi egoizm i bezwzględność w dążeniu do własnych celów. Boję się jak cholera, ale jest już za późno.

A teraz zadanie dla Ciebie. Przypomnij sobie siebie z tamtych lat, kiedy miałaś ich zaledwie kilka. Przypomnij sobie swoje zabawki oraz swoje marzenia. Jakiej zabawki Ci brakowało lub o jakiej marzyłaś? Jakiej byś wtedy pragnęła? A może nawet nie wiedziałaś wtedy, ale teraz wiesz, jaki prezent ucieszyłby tę małą. Pomyśl, co ona chciałaby dostać i kup jej prezent. Naprawdę, a nie na niby. Kup prezent małej dziewczynce. Pójdź do sklepu z zabawkami i poszukaj dla niej czegoś ładnego. Albo wpadnij do Internetu i znajdź sklep z ręcznie wykonanymi pluszakami czy lalkami. To tylko podpowiedzi. Zrób to po swojemu i w rzeczywistości kup jej coś, a potem podaruj.

Aha! A ja? Ja tego zadania jeszcze nie odrobiłam, a często zadaję innym kobietom. Zaraz je wykonam z największą przyjemnością.

Znalazłam lalkę szmacianą szytą ręcznie w Polsce przez Polkę – jest czadowa. Ma różową sukieneczkę w zegarki (symbol wieku pięknego), ma zdejmowany płaszczyk i czapeczkę z szaliczkiem i torebeczkę. Wow! Zamówię ją. Cóż za radocha! Moja mała Niunia skacze i tańczy z radości.[1]

---

[1] zadanie 34

Kiedy szukasz mamy

Wiesz, że masz fajną, życzliwą mamę? Może Twoja mama taka właśnie jest, ale ja nie o tej mamie myślę. Myślę o Mamie Ziemi. Jesteś jej córką, wydała Cię na ten świat i bardzo Cię kocha. Ma dla Ciebie zadania i chce, żebyś się rozwijała, żebyś jej pomogła tworzyć ten świat. W związku z tym, że jest to taka mama, która nie posługuje się ludzką mową, przemawia do Ciebie w inny sposób. Daje Ci znaki, sygnały, mówi do Ciebie poprzez Twoje doświadczenia, myśli, uczucia, poprzez czas, pory roku, żywioły czy sny. Nie ma do Ciebie łatwego dostępu. Sygnał jest ciągle przerywany szarą rzeczywistością.

A wiesz, że masz fajną i mądrą babcię? I znów nie o Twojej ziemskiej babci myślę, tylko Babci Kosmos. Babcia Kosmos to mama Twojej Mamy Ziemi. Mają ze sobą niezłe relacje. Babcia kocha mamę i wszystkie swoje inne dzieci. A do wnuków ma niesamowitą słabość. Jak to babcia. Babcia ma jeszcze trudniej, bo żeby ją usłyszeć musisz całkiem porzucić ziemskie frustracje i wskoczyć na inny poziom.

Na początek spróbuj kontaktu z mamą. Czy jesteś gotowa? Proszę, napisz do niej list. Napisz jej, co się u Ciebie dzieje. Opisz, jak się w życiu pogubiłaś i dlaczego. Napisz o swoich marzeniach i o czym tam jeszcze tylko chcesz. Pisz od serca i nie zastanawiaj się zbytnio. Możesz jej zadać pytania, poprosić o wsparcie i takie tam… Reszta należy do Ciebie. Powodzenia.[1] Kiedy miną 24 godziny, usiądź i napisz od niej odpowiedź. Wsłuchaj się w ciszę i pisz, co usłyszysz. Poszalej trochę – bo proponuję Ci coś szalonego. Normalnie ludzie nie mają zwyczaju pisać do Matki Ziemi, nie mają nawet zwyczaju pisać do swojej rodzonej matki, więc szalej. Ciekawa jestem bardzo, co Ci odpisze.[2]

A w celu spotkania Babci Kosmos proponuję samotny spacer na

---

[1] zadanie 35
[2] zadanie 36

łonie natury. Możesz porozmawiać z babcią poprzez drzewa, wiatr, piasek, kamienie. Tu cisza jest przewodnikiem, nie ma słów. Możesz wybrać się na spacer nocą, w celu oglądania babci na niebie. I wsłuchaj się w to, co Ci powie. Uwaga! Może powiedzieć trudne rzeczy, bo Babcia Kosmos się nie patyczkuje. Weź ze sobą odwagę i ruszaj na spacer. Mam nadzieję, że to nie będzie jedyny taki Twój spacer, tylko pierwszy. Ach, jakże jestem ciekawa, co Ci powie! A Ty?[1]

Jeśli to kogoś interesuje, to jestem wierząca – wierzę w matkę Ziemię, babcię Kosmos, wierzę w moc Księżyca i w sny. Wierzę w bajki, w ludzką wyobraźnię, pradawne mity, boginie i czarownice. Wierzę w ludzi. A w Boga nie muszę wierzyć, bo wiem, że jest. Jestem Jego istnienia pewna!!! Wierzę natomiast w to, że Bóg jest dobry i że jest miłością. Wierzę, że jest dla wszystkich ludzi i że istnieją do niego drogi, także niereligijne. Bardzo mocno czuję Jego obecność oraz miłość! Coraz lepiej rozumiem nauki i postawę Jezusa.

---

[1] zadanie 37

Kiedy Wszechświat Ci sprzyja

Awszechświat mi sprzyja. Tobie też jest życzliwy, bo czemu nie? Może tak być i prawdopodobnie tak będzie, że pójście swoją drogą otworzy dla Ciebie nowe rejony. A wtedy uruchomi się życzliwość Taty Wszechświata. Wielokrotnie tego doświadczałam na sobie i widziałam u innych kobiet. Kiedy kobiety wybierały, ryzykowały, działały po swojemu, dbały o siebie – zaczynały się dziać cuda. I Tobie tego życzę. Wiesz, o czym myślę? Myślę o tych magicznych zbiegach okoliczności, kiedy spotykasz, kogoś, kogo właśnie potrzebujesz, słyszysz coś w radiu, dzwoni jakiś telefon, wpada Ci w ręce właśnie ta książka, na którą czekałaś i na którą gotowa i otwarta jesteś teraz. Ja, po mojej sesji w terapii One Brain, która dotyczyła chęci zmiany pracy, wyszłam z gabinetu i dostałam telefon z propozycją zatrudnienia. To było coś niesamowitego! Do dziś tam pracuję! Aż oddech mi się zatrzymał na dłuższą chwilę z wielkiego wrażenia. Albo teraz... Widzę właśnie w tej chwili, w Internecie, jak duża dziewczynka śpiewa z małą (Cleo z Kingą w programie The Voice Kids 3): Pokonam sztorm, kiedy jesteś obok, uzupełniasz sobą, mnie. Ja płaczę ze wzruszenia, bo czuję, że one śpiewają na temat, który właśnie opisuję – dobrej relacji z sobą. Na temat sztamy między dużą kobietą i jej małą wewnętrzną dziewczynką. Czuję w tym siłę i czuję, że i Ty pokonasz sztorm, kiedy będziesz uznawała obecność tej swojej małej części. Nie szkodzi, że autorce piosenki, mogło chodzić o coś innego. Ja to przeżywam teraz, moje wzruszenie, moje łzy i moje poczucie, że wszechświat mi sprzyja i daje mi znaki, że dobrze robię, idąc własną drogą. A tak na marginesie – Cleo jest tak pięknie poruszona, jakby spotkała małą siebie – tak miło się na to patrzy!

Dziś napisałam kilka słów: *Jestem bardzo u siebie i mocno sobą. Jestem spokojna i podekscytowana. Piszę książkę dla kobiet, dla siebie. Czuję, że to ważne, co robię. Mam już prawie 50 stron. Nie wiem, jak to się dzieje, ale doskonale wiem, co pisać i w jakiej kolejności –*

czuję, jakby samo się pisało. Zaczęłam w pierwszy dzień okresu, przy pierwszej krwi 2.02.2020, zaraz po mega nowiu w Wodniku, przed pełnią w Lwie. Piszę codziennie. Kiedy tego nie robię, to pojawiają się pomysły i zaraz je zapisuję i pięknie się to wszystko zazębia z rzeczywistością, układa i komponuje w całość. Czuję się częścią czegoś większego. Jakby coś mnie prowadziło za rękę i mówiło, co mam robić. Słyszę i widzę wyraźnie wszystkie wskazówki, słyszę głos wewnętrzny i głosy zewnętrzne. Czuję się ważną częścią Wielkiego Wszechświata. Czuję, że wszechświat mi sprzyja, że mam z nim fajne połączenie w sobie. Lubię Go – ten Wszechświat i czuję, że On też mnie lubi. Dostałam zadanie i wypełniam je z radością. Czuję, że będę pisać przez cały cykl miesiączkowy. Ciekawe, czy tak będzie? Czy pomysłów wystarczy właśnie na ten czas? Na razie mamy 10 dzień i wszystko toczy się zgodnie z planem – nie moim planem. Ja tu niczego nie planuję, ja się poddaję wirowi zdarzeń. Poddaję się i czuję się jak wygrana. To ciekawe. Dziękuję Ci Wszechświecie. Tato Wszechświecie? Twoja mała cząsteczka.

Czas się zakręcił i jest teraz. Wcześniej pisałam o mojej przeszłości, teraz piszę o mojej teraźniejszości. Może dalej będziemy szły razem? Tak, chyba tak. To bardzo ekscytujące. Będę Ci na bieżąco pisała, co u mnie. Dziś pierwsza noc w nowej, pachnącej pościeli księżniczki.

Obudziłam się później niż zwykle... Pościel wyśmienita, ale sen koszmarny. Śniło mi się, że kolega męża mojej pacjentki chce mi zrobić dużą krzywdę na tle seksualnym. Uciekałam. Chyba uciekłam, bo się obudziłam. Uznaję, że uciekłam. Czułam, jakby jeden mężczyzna nasłał na mnie drugiego. A mąż mojej pacjentki właśnie został przez nią wyprowadzony z domu. Mąż może być niezadowolony z jej współpracy ze mną, tak to czasem bywa.[1]

---

[1] zadanie 38

Kiedy ktoś mówi, że to głupi pomysł

Zmieniająca się kobieta, może wprowadzać w życie męża/partnera/partnerki spory dyskomfort. Przyzwyczajony do pewnego stanu rzeczy Twój mężczyzna (jeżeli takiego masz), może być zadziwiony Twoimi nowymi pomysłami. Inna, bliska osoba (na przykład mama) może odczuwać niepokój, kiedy Ty zaczynasz się rozwijać i zmieniać. Mówisz komuś coś, czego ta osoba nie chce usłyszeć. Sięgasz po swoje potrzeby, do czego nie jest przyzwyczajony, robisz jakieś inne, dziwne nowe ruchy, burzysz komfort, zaburzasz spokój i poczucie bezpieczeństwa.

Mężczyźni czasem nie lubią zmian dokonywanych przez ich partnerki na terapii. Nie wiem, co Ci tu powiedzieć. Czy Twój mężczyzna zaakceptuje Ciebie nową, czy da sobie z tym radę? Nie wiem, ryzyko jest spore. Tak szczerze, możesz sporo stracić, ale możesz też sporo zyskać. Wybór i tak należy do Ciebie i zależy od Ciebie. Masz wybór. Ty jesteś wyborem. I nawet, jeśli ktoś bliski powie Ci, że to głupi pomysł, możesz iść swoją drogą i trzymać własną stronę. Bo dla Ciebie, to może być mądry pomysł.

A teraz zadanie dla mężczyzny. Popatrz na swoją kobietę, jak na niezależną istotę, która potrafi i może żyć bez Ciebie. Jest inna niż Ty i te różnice możesz kochać. Nie możesz jej mieć dla siebie. Nie może być Twoją własnością. Nie jest dla Ciebie żadną pewnością. Kiedyś może mówiłeś: biorę sobie ciebie za żonę, ale jak można kogoś wziąć? Nie wziąłeś jej. Ona z Tobą zamieszkała, zgodziła się na wspólne życie. Nie dała Ci siebie. A jeśli dała, to źle, bo nie powinna, bo siebie może mieć tylko dla siebie. Do czego teraz są mężczyźni potrzebni? Teraz nie polują, tylko pracują i przynoszą pieniądze. Kobieta też przynosi pieniądze. Jaką rolę mają teraz dla kobiety mężczyźni. Poczucie bezpieczeństwa? Czyżby? Co możesz jej dać, czego ona sama nie zdobędzie? Kim dla niej możesz być? Możesz kochać i okazywać miłość. Możesz być towarzyszącą i wspierającą obecnością. Tak, obecnością możesz być. Możesz być chodzącą miłością i serdecznością. Czego ona potrzebuje, czego nie dostanie od świata? Co może dostać tylko od Ciebie? A czego Ty potrzebujesz od niej? Kim ona dla Ciebie może być? Pomyśl i powiedz jej to dokładnie – czego Ty potrzebujesz od niej, właśnie od niej i dlaczego od niej. Współczesne czasy są nowe, co mogą dać współczesne kobiety? Kiedyś dawały ciepło ogniska domowego, teraz idą do pracy. A ognisko domowe, to jest Wasza wspólna działka. Ten świat jest od jakiegoś czasu nowy. Stare role się nie sprawdzają, a nowe jeszcze nie zostały określone. Porozmawiajcie ze sobą o tym. Usiądźcie przy kominku lub przy grzejniku albo na sofie i porozmawiajcie o sobie, o swoich potrzebach, o swoich rolach i o tym, czy Wam, Wasze życie odpowiada. Jeśli tak, cieszcie się z tego i celebrujcie – bo macie coś wyjątkowego! Jeśli nie, to wspólnie szukajcie rozwiązań. Bądźcie w tym razem, słuchajcie siebie i szanujcie się nawzajem.

Kiedy zadajesz pytania, a świat na nie odpowiada

D ziś miałam w gabinecie pierwsze spotkanie z nową kobietą. A zaraz potem jedno z ostatnich spotkań z kobietą, która kończy dwuletni proces poszukiwania swojej drogi do siebie. Ach, co to był za zbieg energii. Zbiegły się energie tej okoliczności. Jedna mówiła, że chce dorosnąć i przestać być małą dziewczynką, druga mówiła, że jest spokojna, stabilna i pewna siebie. Pierwsza płakała ze smutku i żalu. Druga wzruszała się swoimi dokonaniami i śmiała się w głos, słysząc, co mówiła na początku o sobie. A ja pośrodku. Dziękuję Wam kobiety za zaufanie i taką otwartość! To dla mnie wielki dar, móc uczestniczyć w Waszym dojrzewaniu. Być dla Was dojrzewalnią. I znów odczytuję to jako kolejny znak od świata, który mówi coś do mnie. Tu wyraźnie słychać co do mnie mówi. Prawda?

A Ty możesz teraz zadać pytanie do świata i słuchać, co Ci odpowie. Sformułuj je konkretnie i wypowiedz na głos. A potem rejestruj różne znaki i połącz je w głowie. Rozglądaj się, słuchaj, śnij, mów, czuj, pisz, czytaj, działaj, twórz. Powodzenia. A ja znów jestem ciekawa tej odpowiedzi, którą świat ma dla Ciebie. Twoich odkryć. To może być długa droga, ta Twoja droga poszukiwania siebie. Daj sobie czas. W terapii to zwykle trwa jakieś 2 lata. Bez terapii może być znacznie dłużej.

Ja zobaczyłam kiedyś taki ogromny plakat w sklepie z napisem Go your way i ciarki miałam na plecach i stanęłam przy nim jak wryta. Najpierw poczułam wielkie poruszenie w sobie, dopiero potem zrozumiałam, że to był znak dla mnie.

A dziś odebrałam kilka znaków mówiących, że powinnam z Tobą porozmawiać o seksie. To był mój sen i rozmowy w gabinecie. Ten ważny temat zostawię sobie na jutro. A teraz do łóżeczka wskoczę i mam nadzieję, że nic mi się nie przyśni. A może jakieś znaki znów przyjdą? Ostatnio niemal wszystkie znaki, które spotykam na drodze, dotyczą tego, co mam do Ciebie pisać. Dzięki temu zupełnie nie mam problemów z weną. Jest ona wszędzie, otacza mnie, osacza i biegnie za mną, jak uciekam. Jestem uczestniczką większego zadania i siedzę w samym centrum wydarzeń. Jak wtedy, kiedy byłam w ciąży i nie wiedziałam, co jest grane, i czułam się częścią większego cudu, i nie mogłam się nadziwić, że w tym uczestniczę, że wszystko dzieje się jakby przeze mnie, bez mojego udziału. Kładę się spać i co chwila wstaję, żeby zapisać napływające do mnie myśli. To jakieś czary, czy co? Zeszyt otwarty, zawsze pod ręką. Myślę, że gdzieś dla Ciebie jest też takie magiczne miejsce. Myślę, że i Ty możesz się poczuć małą częścią wielkiej całości i odnaleźć swój sens bycia tutaj. On będzie z pewnością inny niż mój i inaczej niż ja do niego dojdziesz – czyli po swojemu. Życzę Ci tego z całego serca swego![1]

---

[1] zadanie 39

Kiedy chciałabyś porozmawiać o seksie

Czy chciałabyś porozmawiać o seksie? Możliwe, że nie. O Twoim seksie na dodatek? Ojej! To dopiero temat. Jesteś istotą seksualną, czy tego chcesz, czy nie. Masz w sobie tą piękną naturę, masz dar doświadczania cieleśnie tego, co duchowe. Możesz poprzez ciało czuć bliskość z drugim człowiekiem. Możesz kogoś do siebie zaprosić i pozwolić mu się rozgościć. Takie doświadczenie może być dla Ciebie ukojeniem, zrzuceniem napięć, poczuciem niesamowitego bezpieczeństwa, zabawą, radością, bliskością miłością. Jeśli to, co teraz piszę, nie bardzo dotyczy Ciebie i sfery seksualnej doświadczasz inaczej (nie pięknie), to niepokojące.

Może Twój seks to spełnianie obowiązku małżeńskiego? Może robisz to, bo boisz się, że on pójdzie do innej, jak Ty mu nie dasz? Może Twój seks wiąże się z lękiem, jest wymuszony, nie lubisz go i nie podoba Ci się, jak Cię Twój partner traktuje? Może to robisz dla niego, z miłości i przemęczysz się nieco, a on będzie szczęśliwy? Wszystko to gówno prawda! Nie ma takich obowiązków małżeńskich!!!! Nic mu nie musisz dawać, bo seks to nie dawanie, tylko spotkanie dwóch osób. Seks nie może być z lęku i dla kogoś. Twoje ciało bardzo tego nie lubi. I, jeśli on ma iść do innej, to niech już idzie! O matko, jakie to straszne, co piszę, jakie to straszne, co słyszę od kobiet!!!!! Mówię Ci teraz bardzo wprost i jasno. Nie rób tego i to jest jedyna rzecz, której Ci kategorycznie zabraniam! Resztę rób po swojemu, to Twoje życie, ale ja nie zgadzam się, żebyś Ty zgadzała się na niechciany seks. To po prostu jest złe i nie ma sensu!

Seks jest naturalny jak jedzenie, sikanie czy robienie kupy. Zmuszanie się do niego jest bez sensu. To, jakby ktoś chciał, żebyś jadła cukierki jak nie chcesz i masz ich dość i już Ci za słodko. To, jakby ktoś powiedział Ci: idź siku, teraz, na pewno Ci się chce, a jeśli nie, to zrób to dla mnie. Seks jest naturalną ludzką potrzebą, którą można zaspokajać i przydaje się do tego druga osoba i jej ochota na to. To piękna sfera i nic tu nie musisz i nie powinnaś. To piękna sfera Twojego życia, ciesz się z niej i miej z niej frajdę. Seks jest jak taniec. Może ktoś Cię zaprosić do tańca albo Ty kogoś. Wychodzisz na parkiet, kiedy masz ochotę i tańczysz całą sobą, bo tego chcesz. Jesteś w tańcu sobą i jesteś spontaniczna. Niedobrze, gdy ktoś mówi: Tańcz spontanicznie, tańcz ze mną – teraz! A Ty się na to zgadzasz. NIE. Po prostu – nie.

Dobry seks jest pięknym i spontanicznym zbliżeniem się do siebie dwóch osób, które tego chcą. Wynikiem tego zbliżenia jest spotkanie się dwóch ciał w miłości i pokoju. A może Ty w swoim życiu doświadczyłaś czegoś przeciwnego? A może wiele razy? Może ktoś Cię kiedyś bardzo krzywdził (tata, brat, wujek), a może ktoś Cię krzywdzi nadal? Może zgadzasz się na bolesne cierpienie, bo nie masz innego pomysłu? Bo nie wiesz, że można inaczej? Jeśli tak, to koniecznie popracuj z tym tematem z fachowcem od głowy. Koniecznie – sama tego nie załatwisz. Dopóki tego nie zrobisz, nie czytaj dalej tej książki. Dopóki nie zatrzymasz przemocy w tej dziedzinie (nawet tej niewidocznej), nie czytaj dalej. Bo dalsza część listu jest dla Ciebie Niekrzywdzonej. Nie pójdziesz w swoim rozwoju dalej, jeśli pozwolisz się krzywdzić dalej.

A jeśli w tej dziedzinie masz jakieś mniejsze problemy (wątpliwości), uważasz, że jest coś ważnego, co chciałabyś zmienić, to porozmawiaj o tym ze swoim partnerem. Usiądź i porozmawiaj na spokojnie, bardzo wprost i patrząc mu w oczy. Powiedz, czego potrzebujesz, co jest dla Ciebie ważne, co chciałabyś zmienić, za czym tęsknisz. Ujawniaj potrzeby związane z bliskością, oczekiwaniami, ujawniaj delikatne kwestie. Mów wprost, nie dawaj do zrozumienia. Jeśli czujesz, że możesz być uzależniona od seksu i wchodzenia w chore związki, poszukaj specjalisty w tej dziedzinie i zatrzymaj pędzący destrukcyjny pociąg.[1]

---

[1] zadanie 40

Kiedy stawiasz granice i barykady

W innych sferach zadziałaj podobnie. Są rzeczy, na które się zgadzasz, a wcale nie chcesz? Robisz coś, co Ciebie rani, denerwuje, męczy, niszczy? Wypisz 7 rzeczy, na które się w życiu zgodziłaś, choć nie chciałaś. Opisz, jakie były tego konsekwencje dla Ciebie. A teraz zapisz 5 rzeczy, na które się już w swoim życiu na pewno nie zgodzisz. Możesz być z siebie dumna, że się na te rzeczy już nie zgadzasz. Pogratuluj sobie. A teraz wypisz wszystkie rzeczy, na które teraz, w obecnym życiu się zgadzasz i chciałabyś to zmienić. Zacznij od małych spraw i nie ignoruj ich. Małe kroki nauczą Cię stawiania tych dużych i dodadzą sił. Zapisuj wszystkie swoje sukcesy w tej dziedzinie. I ciesz się z nich, świętując po swojemu.

Dziś byłam z Najmłodszym u lekarza i przypomniała mi się moja trauma patyczkowa. Też ją masz? Jak byłam mała, pani doktor wkładała mi patyczek do ust, żeby sprawdzić, czy mam chore gardło. Wkładała zbyt głęboko. To było tak nieprzyjemne, że nie chciałam chodzić do lekarza i mówiłam: tylko bez patyczka! Moja kochana, mądra mama nauczyła mnie pokazywać pięknie gardło bez patyczka. Ćwiczyłam to dzielnie, aż doszłam w tym do perfekcji. Moje dzieci też to potrafią. Szeroko buzia, język na wierzch i mówisz Aaaa... wdychając powietrze jednocześnie. Proste? Można? I już nigdy nie pozwoliłam sobie włożyć do ust patyczka pani doktor! Jestem z siebie dumna. To moja ważna granica. Może nawet moja pierwsza ważna granica, której nie pozwoliłam komuś przekroczyć. Potem prosiłam bliskich mężczyzn (i synów), żeby mnie nie łaskotali, żeby mnie nie straszyli, żeby nie dotykali znienacka, żeby nie żartowali sobie ze mnie. To moje ważne terytorium, moje ciało, moja głowa. Ja chcę, żeby inni szanowali moje granice. A Ty gdzie masz swoje granice, te małe także? Czy je szanujesz? Czy myślisz, że przesadzasz w reakcjach i sobie odpuszczasz? Nie odpuszczaj kochana, szanuj siebie i swoje cielesne i psychiczne terytorium.

Kiedy przestajesz wreszcie być grzeczna

Kiedyś, mój syn, będąc w przedszkolu na ćwiczeniach u logopedy, źle się zachowywał, jakieś karteczki porozwalał. Pani się pożaliła. Jak się zapytałam, dlaczego, odpowiedział: u pani logopedy miałem grzeczność w słabej części głowy, mamo. Dziewczynki, w naszej kulturze, nie są uczone stawiania granic. Dziewczynki są uczone, że mają być grzeczne, miłe i pomocne. I najlepiej jeszcze silne, dzielne, wytrzymałe i uśmiechnięte. Jak tupną nóżką, słyszą: złość piękności szkodzi, jak mówią nie!, słyszą: ustąp, odpuść, jesteś mądrzejsza. Jak czegoś chcą dla siebie, słyszą: to egoistyczne. Małe dziewczynki mają być grzeczne. A duże, już w tym wyszkolone, wiedzą, że to konieczne i pożądane społecznie. Duże, wiedzą, że powinny być grzeczne, że coś muszą i coś im wypada lub nie. Nie cierpię tych wszystkich określeń: muszę, wypada, grzeczna. Po pierwsze grzeczna – znaczy, że się nie złości i nie stawia granic. Po drugie, wypada – czyli, że ma robić, tak jak ktoś od niej oczekuje. Nie wypada tak myśleć!!! To szkodliwe! I jeszcze musi – a do cholery z tym wszystkim! Nic nie musi, naprawdę!

Nadal chcesz być grzeczna? Bo ja nie. Mogę być uprzejma, miła, pomocna i kochająca. Ale nie grzeczna. Jest taka książka o dobrym tytule: Grzeczne dziewczynki idą do nieba, a niegrzeczne idą tam, gdzie chcą. Piękne, prawda? I mówi samo za siebie. Grzeczne dziewczynki nie stawiają granic. Nie bronią się. Nie są sobą – są dla innych. Są ciche – nie mówią tego, co myślą. Uśmiechają się – kiedy w zasadzie powinny płakać. Nie płaczą – bo nie wypada. Nie tańczą – bo powinny być poważne. Nie złoszczą się – bo złość piękności szkodzi. Grzecznym dziewczynkom wszystko się miesza; same nie wiedzą, co im wypada, a co nie. Grzeczne dziewczynki przejmują się tym, co ludzie powiedzą lub pomyślą. Grzeczne dziewczynki

83

są sfrustrowane i mają dużo żalu. Grzeczne dziewczynki nie proszą o pomoc, bo same sobie dają radę i są dzielne. Grzeczne dziewczynki czują, jakby ich w zasadzie nie było. Czują się mało ważne i małowartościowe. Grzeczne dziewczynki są w środku bardzo smutne.

Więc proponuję, żebyś miała czasem swoją grzeczność (gdzieś!) w słabej części głowy![1]

---

[1] zadanie 41

Kiedy jesteś w najlepszym wieku

Wiesz, że jesteś w najpiękniejszym dla siebie wieku? W najbardziej odpowiednim dla Ciebie. Właśnie dlatego masz kryzys, bo tego nie wiesz. Otóż masz cudowny czas. Żyjesz na tym świecie, masz ciało, umysł, czujesz i jesteś. Dla Ciebie jest to dobry moment, by być tutaj. I dla Ciebie, Twoje kłopoty są darem, możesz za nie podziękować. No może zrobisz to nieco później, bo teraz pewnie trudno Ci dostrzec, że to, co Cię spotyka, to dar. Miałaś kiedyś trudne sytuacje w życiu? Czy niektóre trudne doświadczenia wiele Cię o życiu nauczyły? Czy może tylko trudne doświadczenia były dla Ciebie naprawdę ważnym nauczycielem? Poczekaj, a zobaczysz, po co to wszystko.

Jeśli jesteś w podobnym wieku, jak ja i masz około 44 lata (10 w tą lub 10 w tamtą, to niewielka różnica), to prawdopodobnie masz już wiele za sobą. Możliwe, że masz duże dzieci, albo za chwilę będą duże. Ja mam trochę inaczej, bo mam duże, średnie i małe. Możliwe, że masz jakiś zawód i doświadczyłaś wiele zawodów (życiowych). Pewnie już wiesz, czego nie chcesz. Może nie wiesz do końca, czego chcesz, ale dużo wiesz o tym, czego nie. I to już coś. Trochę popróbowałaś w życiu, trochę chleba zjadłaś. Nie da się być młodym i z dużym doświadczeniem życiowym. Kijem rzeki nie zawrócisz. Idziesz do przodu, jak rybka Dory: Mówi się trudno i płynie się dalej.[1] Jesteś tu, w swoim wieku, w pięknym wieku, najodpowiedniejszym dla siebie. Możesz się na to nie zgadzać, ale to są fakty. Z faktami się nie dyskutuje. Pomyśl, na co masz wpływ, a na co nie i skup się na tym pierwszym. Ciesz się, że żyjesz, bo jest wielu takich, których już tu nie ma, a młodsi byli od Ciebie.

Więc, jak? Dzieci masz duże (jeśli je masz), odchowane (albo prawie), wiesz, czego chcesz, teraz czas na Ciebie. Gotowa jesteś na to?

---

[1] Cytat z filmu pt. *Gdzie jest Nemo,* reż. Andrew Stanton i Lee Unkrich.

Zawsze o tym marzyłaś, a teraz się okazuje, że możesz z tego nie skorzystać. Jesteś w odpowiednim dla siebie miejscu i czasie.[1]

Kiedy jesteś zmienna, jak kobieta

Świat się zmienia. *Kobieta zmienną jest.* I dobrze. Chcesz wiele zmienić, jeśli nie byłabyś zmienna, nie mogłabyś tego zrobić. Więc pięknie, że jesteś zmienna. Ciesz się tym. Mówi się, że *w życiu pewne są tylko zmiany.* Może ktoś powie: *ale Ci się pozmieniało, poprzewracało Ci się w dupie* hi hi... Dobra, niech mówią. A Ty masz prawo do zmian. Usłyszałam kiedyś coś takiego fajnego: *w sumie to nie ma co się przejmować tym, co powiedzą ludzie, ludzie są różni, więc będą mówili różnie.*

A ja lubię zmiany. Tak często mówiłam kiedyś, ale teraz już nie, bo ostatnie zmiany były tak trudne, że chyba ich nie lubiłam. Zmiana to życie samo w sobie. Lubisz życie? Życie jest zmienne! Pogoda się zmienia, pory roku też, czas przyspiesza lub zwalnia, zmieniają się myśli, uczucia, ludzie. Jak to, moja kochana koleżanka Ewa, mądrze powiedziała: *A właściwie, to w życiu nigdy nic nie wiadomo.*

Kobieta jest zmienna emocjonalnie, ma ciągle inne nastroje, prawda? Kobiety mają nowe pomysły. To one często ciągną swoich mężczyzn na teren: nowe. Często, na szczęście, mężczyźni są im za to wdzięczni. Kobieta jest zmienna w cyklu miesięcznym. W ciągu miesiąca transformuje się kilka razy i staje się jakby inna wiele razy. I tu ślę wielki wyraz współczucia w stronę partnerów i szacun za ich cierpliwość. Jak Wy to wytrzymujecie? Nie bardzo kumam. Nie ma wiele stałości w kobiecie, która jeszcze zmienia się w przeciągu życia. W różnych okresach życia przybiera różne formy swojej osobowości. Inna była jako dziewczynka, inna jako nastolatka, inna jako młoda kobieta. I także dojrzewając do kobiecości, może też stawać się jakby inną osobą. I to właśnie chcę Ci powiedzieć. Ten etap w życiu kobiety, kiedy ma już koło czterdziestki, to chyba najtrudniejszy dla niej czas, zaraz po dojrzewaniu młodzieńczym. To powtórka z dojrzewania, bo to coś bardzo podobnego: sajgon, szaleństwo, chaos, zwątpienie, pogubienie i szukanie siebie. Kryzys Wieku Pięknego nie jest raczej piękny. Jest trudny, ale może, z tego chaosu, coś pięknego się wyłonić. Możliwe, że trochę siebie nie poznajesz, zmieniają się Twoje potrzeby, zmieniają się priorytety, zmienia się tempo życia. Możesz mieć spore opory z zaakceptowaniem tych zmian, ale znów – to są fakty. Z nimi nie ma co się kłócić. Pewne rzeczy się odbywają w świecie, w Tobie też, czy tego chcesz, czy nie. Możliwe, że chcesz i potrzebujesz zmian. Możliwe, że masz ochotę rzucić pracę, podjąć jakieś wyzwanie, zmienić zawód, rozwijać jakąś nową pasję, zmienić miejsce zamieszkania. Możliwe, że zastanawiasz się, z kim chcesz spędzić resztę swojego życia. Możliwe, że nawet jeszcze nie wiesz, czego chcesz, ale czujesz, że potrzebujesz zmiany, bo inaczej zwariujesz. I tu Cię dobrze rozumiem.[1]

---

[1] zadanie 43

Kiedy świętujesz miłość

Mój dzisiejszy wiersz walentynkowy:

Przyszłam do Ciebie latem, naga i uśmiechnięta...
Wyszłam, płacząc, otulona płaszczem, w mroźny zimowy poranek...
Wszystkie pory roku u Ciebie zostawiłam.
Teraz jestem u siebie z powrotem...
Chociaż jeszcze nigdy tu nie byłam...

A ja lubię amerykańskie święta! Dziś Walentynki. Niektórzy mężczyźni mówią, że nie lubią tego święta, bo amerykańskie. Dnia Kobiet nie lubią, bo komunistyczne. A dlaczego by nie świętować miłości? Czegoś, co najlepszego nam się w życiu przytrafiło? Mnie tam się podoba ten dzień. No może nie ten czerwono – serduszkowy wystrój, ale miłość mi się podoba i świętowanie jej. Miłość jest fajna przecież. Ludzie spotykają się, żeby odświeżyć w sobie fakt, że się kochają, że mają bezcenny dar. Uświęcają uczucie, jakie między nimi powstało i pielęgnują ogień tego cudu. Dla mnie to po prostu piękne. A przy okazji podzielę się z Tobą moim poglądem na temat innych amerykańskich świąt. Halloween – święto śmierci. Przypomnienie o ważnym temacie, który nas dotyczy, a o którym chcielibyśmy nie myśleć. Poprzez zabawę dzieci oswajają się, z jakże ważnym tematem. Jest pretekst do porozmawiania i przygotowany psychiczny grunt. Dla mnie to strzał w dziesiątkę. A jeszcze Święto Dziękczynienia – to jest dopiero czad! Ludzie spotykają się ze sobą, żeby sobie dziękować. Mamuniu, jakie to piękne. Szkoda, że u nas to się nie przyjęło. My, Polacy nie jesteśmy jeszcze gotowi na takie święto, nie jesteśmy gotowi na dziękowanie i bycie wdzięcznym. A szkoda!

Jeśli więc czujesz miłość, to świętuj, najlepiej każdego dnia, pa-

miętaj o tym i pielęgnuj ją. Bo ja już wiem, że miłość można zanie-
dbać, stracić, miłość można zniszczyć. Miłości można nie czuć, nawet
jeśli jest blisko. Więc jeśli czujesz, że jest to Twoje święto – gratuluję
i zazdroszczę Ci.

Kiedy bierzesz ze sobą ślub

A co by było, gdybyś wzięła ze sobą ślub? Jakim małżonkiem byś dla siebie była? Możesz spokojnie potraktować siebie jak partnera życiowego. Od siebie nie uciekniesz, ze sobą musisz jakoś żyć. Możesz wziąć ze sobą ślub, czyli inaczej ślubować sobie: *I ślubuję Ci miłość, wierność i uczciwość... oraz że Cię nie opuszczę aż do śmierci.*

To ostatnie można sobie obiecywać, ale komuś? Co chciałabyś jeszcze sobie ślubować, co sobie obiecać? Bądź dla siebie czułym kochankiem, troszcz się o siebie, *kochaj siebie samą, jak kogoś bliskiego.*

Postanowiłam, że przez cały okres pisania listu do Ciebie, będę kupowała sobie świeże kwiaty. Były już dwa razy tulipany, a dziś mam białe różyczki. Ciągle coś pięknego stoi na komodzie przy świeczkach i cieszy oko i serce. Czuję, jakbym była ze sobą w okresie narzeczeńskim. Poznaję siebie, słucham siebie chętnie, ciągle chcę ze sobą przebywać, dbam o siebie, kupuję sobie prezenty, jestem swoją dziewczyną. Myślę, żeby sobie sprawić pierścionek zaręczynowy. Tak, śmiej się, też się śmieję hi hi hi...

Rozbudzić do siebie miłość, to będzie pewnie długotrwały proces, tym bardziej, jeśli nie miałaś jej za dużo w dzieciństwie.[1]

---

[1] zadanie 44

Kiedy wyciągasz siebie z sieci

Ś wiat współczesnej sieci połączeń międzyludzkich jest fantastyczny, świat szybkiej informacji i wielu możliwości. Dostaliśmy narzędzie, które może zanieść nas wszędzie. Możemy się przemieszczać po świecie, możemy zobaczyć wszystko, usłyszeć muzykę, jaką chcemy, możemy się uczyć nowych rzeczy, rozwijać pasje, poznawać ludzi, zarabiać pieniądze. Możemy mieć poczucie mocy, jak i problem, żeby czuć się znowu ludźmi. Możemy, w tej sieci połączeń się bardzo pogubić. Znam wielu takich, co świat swój i głowę swoją mają bardziej w komputerze i telefonie niż w realnym świecie. I owszem, sporo wiedzą... ale żyją, jakby ich tu nie było. Znikają podczas rozmowy lub zaraz po rodzinnym obiadku. Relaksują się, coś sprawdzają, coś kupują, coś ważnego czytają. Tylko... Tylko... Nie ma ich tu i często nawet o tym nie wiedzą, nie czują tego, bo są u siebie, w sieci i nie wiedzą, co dzieje się tu. Mnie też się czasem zdarza odlecieć. Bo tamten świat to nie telewizja, w której oglądasz coś, co leci. Tam oglądasz to, co chcesz, co sobie włączysz, ale tylko teoretycznie, bo sieć wciąga Cię i proponuje nowe opcje. I idziesz tam, tylko na chwilę i zbaczasz z własnego toru i początkowego tematu, bo teoretycznie tak chcesz. A potem okazuje się, że minęły 4 godziny. A Ciebie głowa nieco jakby ćmi i zmęczenie lekkie dopada i nic nie robiłaś w zasadzie, ale jesteś zmęczona i nic już więcej dziś nie zrobisz. No to może jeszcze film jakiś, skoro już tu jesteś?

Możesz mieć poczucie, że masz kontakt ze światem, że rozmawiasz z ludźmi, widzisz ich, lecz nigdy tam nie dostaniesz ludzkiego, prawdziwego wsparcia (chyba że to będzie sesja terapeutyczna przez Skype). Nigdy nie poczujesz prawdziwego kontaktu – jak na żywo. Cząstkę tego dostaniesz, ale tylko cząstkę. Możesz się żywić cząstkami. Wiesz, w tym wielowymiarowym, pełnym możliwości świecie możesz się poczuć bardzo samotna i inna. Możesz się w tym świecie pogubić.

A ja Ci proponuję, żebyś wyciągnęła siebie z sieci, żebyś poszła na spacer, zaprosiła przyjaciół, zjadła z kimś śniadanie. Proponuję, żebyś znacznie ograniczyła swoje siedzenie na Facebooku, YouTube (czy innych takich miejscach) i szukanie czegoś w Internecie. Możesz nawet policzyć, ile rzeczywistego czasu spędzasz tam, a ile tu. I popatrz, co robią Twoje dzieci. Zagraj z nimi w grę planszową. Kiedy ostatnio byliście na zwykłym spacerze? Kiedy razem coś tworzyliście? A mi się właśnie Internet skończył w telefonie i od razu, jakoś więcej czasu mi się zrobiło. Dla Ciebie mam ćwiczenie – eksperyment: Zrób sobie tygodniową (albo chociaż jednodniową) przerwę od mediów (TV, Internet i Internet w telefonie), radio i muzykę możesz sobie zostawić, ale nie dużo. Korzystaj z ciszy i czytania. Zobacz, co się wydarzy. Ile czasu będziesz miała, ile energii, jakie pomysły na siebie się pojawią, co ze sobą będziesz robić? Podejmujesz wyzwanie? Taki challenge – Ty poza siecią.

A potem możesz pomyśleć o zmianie trybu życia. Jeśli szkoda Ci siebie i swojego czasu na nierzeczywiste głupoty, fikcyjne kontakty, niepotrzebne informacje, zamulanie umysłu – zmień sposób swojego funkcjonowania na stałe i bądź na siebie uważna w tej kwestii. Nie kładź się do łóżka z telefonem, wyłączaj go całkiem na noc, odkładaj w domu na półkę. Możesz też wyrzucić telewizor lub przenieść komputer do innego pomieszczenia. Zrób coś w tej sprawie, jeśli przeginasz. Umysł Ci za to podziękuje. Gdy dokonasz wyraźnej zmiany, możesz doświadczyć poprawy koncentracji uwagi, pamięci i logicznego myślenia. Możesz też poczuć przypływ czasu, którego Ci brakowało i zrobić z nim coś naprawdę wartościowego.[1]

---

[1] zadanie 45

Kiedy zaczynasz sobie radzić z uczuciami

Co to znaczy radzić sobie z uczuciami? Mówi do Ciebie psychoterapeuta hi hi hi… Otóż…Świat uczuć jest bardzo bogaty i kolorowy. Uczuć mamy mnóstwo i mnóstwo one mają odcieni. Potrafią mieć różne natężenie i czasem są zupełnie do siebie niepodobne, nawet te, co się podobnie nazywają. Smutek, smutkowi nierówny. Uczucia są. Po prostu są. A właściwie bywają. Przylatują i odlatują. Często przylatują, żeby nam o czymś powiedzieć, żeby dać wskazówkę do działania, czasem, żeby nas uchronić. Uczucia mówią do nas, a my próbujemy je zagłuszać, bo uważamy, że odczuwanie jest nie w porządku. Uważamy, że jak czujemy, to jest coś z nami nie tak. Nie tak? Uczyliśmy się tego w dzieciństwie, kiedy rodzice nasz świat uczuć ignorowali, kiedy tłumili w nas tę sferę i kiedy nam mówili, że źle czujesz, lub źle, że czujesz. Jako dorośli mamy problem, żeby się przyznać do czucia. A człowiek nie robot, przecież!

A radzenie sobie z uczuciami, to zgoda na nie i prawidłowe ich odczytywanie. I tu się przyda dobry terapeuta, bo niestety temat jest grząski i można wpaść głęboko w przeszłość aż do dzieciństwa. Radzenie sobie z uczuciami, to nie jest ich kontrola, ale paradoksalnie, zgoda na uczucia i przeżywanie ich (czasem bez kontroli). Taka prawdziwa zgoda powoduje większą wiedzę o sobie i większą władzę nad samym sobą.

Ja dziś poczułam się bardzo smutna, bo coś poszło nie po mojej myśli, a bardzo czegoś chciałam i się normalnie popłakałam na tym moim łóżku księżniczki. Uwierzysz? Ja, wielka terapeutka hi hi hi... A potem otarłam łzy i zrobiłam sobie herbatkę z cytrynką. I wiem, co powiedziały do mnie moje uczucia. Między innymi to, że nie wszystko w świecie może być po mojej myśli, i nie będzie. Głupi świat! 44-letnia kobieta, która płacze z takiego powodu! Żenada! Teraz czuję spokój, gdzie ten smutek się podział? Odpłynął? Wiesz, co się robi, jak życie dołuje? Mówi się trudno i płynie się dalej.[1]

Uważam, że zgoda na świat uczuć w sobie i uczciwe przyznawanie się do tych uczuć, zwłaszcza tych trudnych, to kierunek miłość do siebie samej. To tak, odnośnie do tego ślubu ze sobą. Możesz sobie ślubować wsparcie w trudnych chwilach, a nie dowalanie sobie za to? A jeszcze myślę sobie, że my kobiety, nie roboty, jesteśmy w sferze uczuć jak natura. Ja myślę, że kobieta jest jak wulkan. Czasem uśpiony, a czasem czynny. W środku niej sporo buzuje i co jakiś czas następują erupcje. Te erupcje są naturalne, niekoniecznie pożądane. Czy ktoś pyta wulkanu, czemu wybucha? Wybucha i już. Ludzie nie lubią z reguły erupcji wulkanicznych. Nie znaczy to jednak, że nie są one częścią natury. Kobieta w trakcie wybuchu wyrzuca z siebie z wielką siłą nagromadzone uczucia i napięcia. A po wybuchu, przez jakiś czas, jest spokojna i rozładowana.

Kobieta wulkan może czuć się w świecie jak wariatka. Często czuje, że przesadza, że robi sceny, fazy, szopki. Może też słyszeć takie słowa od innych. Niestety w tym wariactwie nie ma akceptacji dla jej uczuć i stanów i trudniej jej czerpać z tych sytuacji mądrość. Bo, jeśli sama uważa, że coś jest z nią nie tak, to pracuje nad tym, żeby przestać przesadzać, a nie wnika w to, co właściwie się z nią dzieje i co jej komunikują jej własne uczucia. A uczucia mówią. Uczucia to są sygnały. Mówią na przykład, że ona czegoś bardzo nie chce, mówią, że jest źle traktowana, mówią, w którą stronę mogłaby pójść, żeby się rozwijać. Uczucia mówią także o przeszłości, że jakieś niezałatwione sprawy i problemy upominają się o swoją kolej. Czasem rzeczywiście są zbyt intensywne na dziś, ale to dlatego, że przypominają jakąś niezabliźnioną ranę z kiedyś. I wtedy bardzo przydaje się psychoterapia.

Proponuję, żebyś próbowała czytać, co Twoje emocje do Ciebie mówią. Szczególnie ważne są te, które się powtarzają oraz te intensywniejsze. Nie ignoruj siebie, nie udawaj przed sobą, że nic się nie dzieje, jeśli czujesz intensywnie. Jeśli czujesz, to jest to dla Ciebie ważne i nie jesteś wariatką z tego powodu, że czujesz. Jesteś osobą, kobietą, człowiekiem, kimś, kto przez czucie się wyraża i komunikuje ze światem. Zadbaj o tę sferę, zgłębiaj tę część siebie. Przecież to kawał Twojego życia! Kawał Ciebie![2]

---

[1] Cytat z filmu pt. *Gdzie jest Nemo,* reż. Andrew Stanton i Lee Unkrich.

[2] zadanie 46

Kiedy ktoś Ci wbija szpileczki

Trauma niewidoczna. Jest taki rodzaj traumy z dzieciństwa i z życia, której nie widać. Są to małe trudne sytuacje, ledwo dostrzegalne, które kłują jak szpileczki, powtarzają się i kłują dokładnie w to samo miejsce. Tych miejsc możesz mieć kilka. I chociaż, może nie miałaś bardzo dużo bolesnych, wielkich trudnych doświadczeń i traum, możesz być po traumach niewidocznych. One są w pewnym sensie trudniejsze do wyleczenia, łatwiej je przeoczyć, zignorować czy zbagatelizować.

Przykładem może być sytuacja, gdy ktoś bliski lub nie, w dzieciństwie (lub nawet w okresie dojrzewania czy dorosłości), co jakiś czas się z Ciebie śmieje. Może niezbyt trudne są pojedyncze uczucia upokorzenia, bycia śmieszną, nieadekwatną czy niepasującą. Bycie wyśmianym jest jednak bardzo przykrym doświadczeniem, które w samej sytuacji, może prowokować uśmiech i jednocześnie budować napięcie i stres. Można się w tym samemu pogubić i zignorować powagę sytuacji. Jeśli taka sytuacja, w której doświadczamy krótkotrwałego, ale jednak głębokiego ukłucia cieniutkiej szpileczki, powtarza się, tworzy się głęboka rana. Bolesna przy każdym kolejnym ukłuciu i nawet przy lekkim dotknięciu. Z tych ukłuć szpileczkowych tworzy się niewidoczna trauma. Nie wiadomo, dlaczego potem kobieta płacze, gdy ktoś powie o niej coś zabawnego. Nie wiadomo, czemu czuje spore napięcie, gdy słyszy, jak ktoś się śmieje obok (często myśli, że może to z niej). Nie wiadomo, dlaczego mocno reaguje na niezbyt mocne słowa, albo nieadekwatnie interpretuje czyjeś słowa i wierzy w te interpretacje. I jeszcze, może nie pamiętać, kto jej to zrobił. Może starszy brat, który też był dzieckiem, jak wbijał szpileczkę i zupełnie nic już z tego nie pamięta? Może było to kilka osób w szkole czy przedszkolu? Może to był pierwszy chłopak, który mówił, że bardzo kocha i pisał piękne wiersze o miłości, a jednocześnie wbijał szpileczki niewinnie, bo chciał, żeby było wesoło?

Jeśli czasem coś wyprowadza Cię z równowagi, a nie rozumiesz zupełnie, dlaczego – to może być trauma niewidoczna, szpileczkowa. Jeżeli masz kilka takich bolesnych miejsc w sobie i odzywają się, bo są nieleczone, to ważne, żeby je zidentyfikować i uleczyć. Zrobi to z Tobą sensowny specjalista od głowy. Samemu się nie da. Musi być przy tym drugi człowiek. Znajdzie ranę, trochę poczyści, nałoży maść otuchy, a potem plasterek zrozumienia. I będzie się ładnie goiło. A potem, Ty sama, wymienisz sobie czule, kilka razy plasterek na świeży i będziesz jak nowa.[1]

---

[1] zadanie 47

Kiedy piszesz scenariusz swojego życia

To Twoja robota, ten scenariusz. Nikt go za Ciebie nie napisze. A jeśli napisze, to może okazać się kiczem. W jakim filmie chcesz zagrać? Twoje życie to jaki film? W jaki sposób piszesz scenariusz dla siebie? Wymyśl tytuł dla swojego filmu i opowiedz trochę fabuły. Czy to melodramat, horror, czy komedia? A może teraz będzie wreszcie zwrot akcji, po nudnym początku?

Kim Ty w ogóle jesteś? Umiesz odpowiedzieć na to pytanie? Nie bardzo? Ja też nie umiem! Nie wiem, kim jestem! Wiem, jak mam na imię, gdzie się urodziłam, gdzie mieszkam, ile mam dzieci, jaki mam numer buta. Wiem, ile mam lat, co lubię i gdzie leży Islandia, ale nie wiem, do prawdy, kim jestem. I bardzo mi to nie przeszkadza. To pytanie jest dla mnie za trudne. Może jestem na nie za głupia – i to mnie też nie przeraża. Mogę czegoś nie wiedzieć? Wiem natomiast, że jestem i wiem trochę na temat tego, jaka jestem.

A szukam odpowiedzi na pytanie: po co jestem? To mnie, w zasadzie, najbardziej interesuje. Po co ja tu? Jakie jest moje zadanie do cholery? Jaki jest sens mojego bycia tu? Może ten list będzie po części odpowiedzią na to pytanie. Może jestem tu dla Ciebie? Ty też jesteś dla mnie, wiesz? Dziękuję Ci, że mogę do Ciebie pisać. Dziękuję Ci, że jesteś. Dobrnęłaś już tak daleko, czytając moje słowa... Dziękuję Ci, że mnie czytasz. To dzięki Tobie odkrywam swój sens. Mam nadzieję, że Ty, dzięki mnie, będziesz bliżej siebie. Jesteśmy dla siebie stworzone? My kobiety powinnyśmy chyba być bliżej siebie, nie uważasz? Na tym świecie jest tyle niezdrowej rywalizacji, porównywania się, oceniania, krytyki, nieszczerości, nieposzanowania. A wiesz, że kobiety potrafią być dla siebie okrutne? Doświadczyłaś tego? Dlatego dziękuję Ci, że jesteś, bo wiem, że jakoś jesteś podobna do mnie. Skoro wytrzymałaś tyle moich słów, to znaczy, że jakoś Cię nie wnerwiam bardzo i jakoś rozumiesz to, co piszę. Jeśli tak jest, to jest to fenomen, bo właśnie siebie wspieramy. Ja Ciebie, a Ty mnie. Czuję od Ciebie dobrą energię. Wiem, że jesteś swoja babka. Fajnie, że jesteś i fajnie, że masz siebie, nie zmarnuj tego. Jesteś na bank wyjątkowa i niepowtarzalna, jedyna w swoim rodzaju. Tak trzymaj. Nie zmieniaj się i bądź właśnie taka, jaka jesteś. Bo masz w sobie pewnego rodzaju doskonałość. Skąd ja to wiem? Nie wiem, ale tak czuję.

Do poszukiwania odpowiedzi na pytanie: po co ja tu? – przydał mi się test Gallupahttps://www.gallup.com/cliftonstrengths/en/home.aspx[1] określający pięć moich najmocniejszych cech. Tam odnalazłam dla siebie ważne wskazówki. Przeczytałam wyniki i pomyślałam: skąd oni tyle o mnie wiedzą? A potem: dlaczego wcześniej tego nie wiedziałam?

Bo mamy do odkrycia jakieś zadanie – nasze życie jest zadaniem. Wiadomość o tym zadaniu jest ukryta głęboko w naszym sercu. To znów jest jak labirynt. Odpowiedź nie jest zwykle oczywista, ale zadania są bardzo różne i złożone – jak Ty sama. Zadania są indywidualnie dopasowane do różnych ludzi i są niepowtarzalne (!).

Czy umiesz odczytać wiadomość zaszyfrowaną w życiu Johna Lennona? Czy umiesz odczytać wiadomość zaszyfrowaną w życiu i twórczości Jana Sebastiana Bacha, Witkacego czy Rembrandta? Niektóre wiadomości trudniej rozszyfrować i każdy może trochę je inaczej rozumieć. Można jednak przeżyć życie i nie odczytać/rozszyfrować własnej wiadomości. Szkoda. Szkoda życia, na życie bez zadania. To takie życie jakby bez sensu. Chyba że ktoś żyje z sensem, czyli sensownie, ale nie wie o tym, i smuci się, że nie wie, po co żyje. Tak więc odpowiedź na pytanie: po co ja tu?– wydaje się mega ważna.

A wracając do filmów, ja wiem (czuję), że to Ty piszesz scenariusz swojego życia i grasz w tym filmie główną rolę. Powodzenia na premierze. Niech Ci się to fajnie ogląda.

---

[1] Jak podaje Wikipedia: *Test Gallupa – popularna nazwa psychometrycznego narzędzia badawczego CliftonStrenghts, dawniej zwanego StrenghtsFinder, stworzonego przez Donalda Cliftona w Instytucie Gallupa. Narzędzie umożliwia ocenę natężenia 34 cech zwanych talentami, z których 5 jest dominujących. Talent rozumiany jest jako naturalny wzorzec myślenia, odczuwania i działania, który może zostać produktywnie wykorzystany. Zgodnie z teorią osoby wykorzystujące te talenty mają szansę działać najefektywniej.* Artykuł dostępny w wersji on-line na dzień 31.02.2020 pod adresem . https://www.gallup.com/cliftonstrengths/en/home.aspx.

Kiedy odkrywasz, że nie wiesz właściwie, kim jesteś

P rzyszła dziś do mnie odpowiedź na pytanie: kim jestem? Odpowiedź zainspirowana nocną 4–godzinną rozmową z kolegą–bratem z Norwegii. Otóż nie jestem nikim szczególnym. Może bardziej nazwałabym to, że jestem Czymś. Bo wnikając bardziej w mój umysł, stwierdzam, że jest głęboki i bez granic. Mój umysł to nie do końca ja. Tak właściwie, to jestem mieszkaniem tymczasowym dla większej jakiejś świadomości. Jestem czasowym przepływem bytu wyższego na tym ziemskim świecie. Czyli można rzec, że jestem nikim i wszystkim. Jestem też Tobą, po części, mamy połączenie w naszym umyśle i czuję Cię, chociaż Cię nie widzę, albo Ciebie nie znam. Teraz jestem medium dla przepływu informacji do świata kobiet. Nie jestem autorem tych informacji, ja je tylko w sobie pomieszałam i wyplułam (bez urazy). Jestem mieszanką tego, co mnie spotkało, kogo spotkałam, mieszanką różnych myśli i zdarzeń. Przeze mnie przepływa treść, nie jest ona moja, ale miło, że przyszła właśnie do mnie. Teraz leci do Ciebie, z całą swoją mocą. Może też chciałabyś być takim przepływem? Takim, tylko innym. Bo każdy ma inne zadania dla siebie. Czy Ty też jesteś nikim? Czy Ty też doświadczasz czasem niesamowitych, większych od siebie doznań? Masz połączenie w sobie ze wszechświatem? Gdzie ono się znajduje? W sercu? A może w oczach?

Spójrz dzisiaj na siebie w lustrze, tak dłużej. Poczuj siebie, powiedz coś do siebie, pobądź ze sobą, nie odrywaj wzroku, nie bój się – to tylko Ty i aż Ty. Przybliż się do lustra i z bliska podoświadczaj głębi swoich oczu. Zobacz, co tam zobaczysz. Poczuj, co tam poczujesz.

Więc, gdy ktoś Cię zapyta, kim jesteś, możesz śmiało i z dumą powiedzieć, że jesteś nikim (a w ciszy swojego serca wiedzieć, że wszystkim).[1]

---

[1] zadanie 48

Kiedy słyszysz: Ty i te Twoje przyjaciółeczki

Tak mówi Twój partner? Nie pozwól mu na to! Chyba że rzeczywiście nie są to przyjaciółki, tylko przyjaciółeczki – takie wywal w kosmos. Nie przydadzą się. Kobiety potrafią dawać niesamowite wsparcie. Ja otrzymałam w darze wiele niesamowitych kobiet, które (nie wiem, jak one to robią) dają mi poczucie, że jestem w porządku taka, jaka jestem. Są przy tym neutralne i nie mówią mi, co mam robić lub co powinnam. Nie mówią zbyt dużo, po prostu są. Pytają i są zainteresowane, słuchają. Po spotkaniu z nimi czuję się naładowana energią, czuję, że dałam coś i wzięłam coś. I to nazywam przyjaźnią. Moje kochane kobiety! Jeśli to właśnie Ty czytasz, Ty, która byłaś moim wsparciem u mnie w domu, na kawie w mieście, na spacerze w górach czy przez telefon – Dziękuję Ci, że jesteś. Jesteś dla mnie wielkim darem. To także dzięki Tobie piszę moje słowa. To dzięki Tobie odważam się być odważna. Bądź i Ty bliżej siebie każdego dnia, moja droga!

Jeśli Ty, po spotkaniu z koleżanką czujesz się wypompowana, nadużyta i niezrozumiana – to, to jest właśnie przyjaciółeczka. W kosmos ją! Nie przyda się w życiu, a nawet zaszkodzi.

A jeśli masz przyjaciółki (może gdzieś nawet zapomniane) to odśwież te znajomości, dbaj o nie, pielęgnuj, zapraszaj i ciesz się nimi. I pytaj: Co tam u Ciebie? Jak się czujesz? A jeśli nie masz, to poszukaj. Są na świecie kobiety podobne do Ciebie – z sercem na dłoni, z serdecznością w kieszeni i z otwartością w głowie.

A ja mam trzy przyjaciółki męskie. To dopiero odlot. Mężczyzna, który, jak przyjaciółka, dobrze rozumie, o czym do niego mówię. Wspaniałe doświadczenie! I na dodatek trzyma granice i nie oczekuje ode mnie mojego ciała, nie flirtuje i daje poczucie, że jestem cała w porządku. Czyli prawdziwe przyjaciółki mogą być damskie i męskie – wszystkie są super!

Kiedy nie jesteś pewna

Kiedy nie jesteś pewna, czy chcesz kupić sukienkę, którą właśnie mierzysz w sklepie – nie kupuj. Kiedy nie jesteś pewna, czy chcesz podjąć tę nową pracę, którą Ci zaproponowano – nie podejmuj. Kiedy nie jesteś pewna, czy kandydat na Twojego męża, jest dobrym kandydatem – nie bierz z nim ślubu. Kiedy nie jesteś pewna czy chcesz iść na tę imprezę, spotkać się z tym człowiekiem, ubrać w tę bluzkę – nie rób tego. Nie rób tego, czego nie jesteś pewna. Bo jeśli nie jesteś pewna – to znaczy, że nie masz pewności, czyli raczej nie chcesz. Zasada: Nie jestem pewna, często sprawdza się w życiu. Rób to, czego jesteś pewna, na resztę szkoda Twojego czasu. A wiesz, że masz go coraz mniej. Już nie musisz się spinać i robić ciągle, czegoś dla kogoś (chyba że chcesz z całego serca i jesteś tego pewna).

Możesz pomyśleć, czy decyzja, którą masz przed sobą, przybliży Cię do czegoś ważnego w Twoim życiu. Gospodaruj swoim czasem i zużywaj go na naprawdę wartościowe rzeczy. Wybory zwykle są trudne. Przy wyborze czegoś możesz pytać siebie: czy chcesz tego, czy może inni tego od Ciebie oczekują, a może jakaś reklama Ci zakręciła w głowie? A może mogłabyś bez tego żyć?

Napisz sobie takie pytania: *Czy teraz, gdybyś umarła, miałabyś poczucie, że Twoje życie zostało spełnione, że wypełniłaś ten czas na Ziemi czymś, z czego jesteś zadowolona? Czy, gdybyś mogła żyć jeszcze raz, podjęłabyś jakieś inne decyzje? Odpowiedz na te pytania i poszukaj odpowiedzi na to: jak mogłabyś poczuć się naprawdę spełniona?*

A w życiu swoim, przy decyzjach, możesz kierować się tym właśnie drogowskazem: *Czy to, co wybiorę, kieruje mnie do mojego spełniania?* [1]

---

[1] zadanie 49

Kiedy odkrywasz pasję

Wtej dziedzinie zrobiłam tyle różnych rzeczy, miałam tyle różnych pasji. Aż mi czasem wstyd, że zmarnowałam czas, że ciągle łapałam się za coś nowego: fotografowanie, rysowanie, pływanie, tworzenie różnych drobiazgów, wianków, szycie. Po jakimś czasie zawsze zmieniałam pasję na inną, a wcześniejszą całkiem porzucałam. Aż w końcu zatoczyłam krąg. Wróciłam do fotografii, którą się troszkę bawiłam, używając aparatu Zenit, gdy miałam 16-17 lat, a potem używałam jeszcze innych sprzętów. I okazało się, że inną pasję mam tuż obok. Okazało się, że nie muszę już szukać, bo moją pasją są kobiety i praca z nimi. Nie nazywałam tak tego, ale zawsze mnie te tematy kręciły. Niedawno, w zasadzie, zauważyłam, że to, co robię, bardzo mnie cieszy. Odkryłam, że nie muszę już niczego szukać. A jeszcze połączenie fotografii z kobietami, które mam jeszcze na razie w głowie, daje niezłego kopa. Więc ja już mam. Miałam obok, ale nie dostrzegałam. Ależ się cieszę!

A Ty szukaj, jeśli jeszcze nie znalazłaś. W sumie to nieprawda, że zmarnowałam czas. Tyle mi było trzeba, żeby dojrzeć i dotrzeć do tego, co teraz mam. Bez pasji życie wydaje mi się słabe: praca, dom, dzieci, mąż, zakupy, jedzenie, spanie, praca, czasem wakacje. Dla mnie to za mało. Ja chcę od życia więcej. Moje życie chce ode mnie czegoś więcej.

Można mieć pasję lub na pasji zarabiać. Obie opcje są w porządku, jeśli tylko Ci pasują. Pasja to jest coś, co Cię kręci, zajmuje, wciąga, rozwija, cieszy, daje sens. Pasja powoduje, że czujesz, że żyjesz, że tracisz rachubę czasu, że odlatujesz, że wyrażasz siebie i dajesz coś od siebie światu albo świat daje coś Tobie. I jeśli tylko ktoś Ci zabrania mieć swój własny pasjonujący świat – nie pozwól na to.

Może próbowałaś już różnych rzeczy, może masz już coś, może marzysz o czymś? Próbuj, szukaj, działaj, nie poddawaj się. Dla Ciebie życie bez pasji może być bardzo, bardzo trudne. Jak dla mnie. Zaniedbanie siebie w tej sprawie może Cię dużo kosztować, bo w pasji są często ukryte odpowiedzi na ważne pytania. Tam może być trop zaszyfrowanej drogi do samej siebie.[1]

---

[1] zadanie 50

Kiedy czujesz już dobre zmiany

Jeśli podążasz za moimi propozycjami i realizujesz moje pomysły, to jesteś już w procesie zmiany. Czujesz już, że coś dobrego się dzieje, że się zaczęło? Możliwe, że Twoje myślenie wkroczyło na inne tory. A może teraz jest Ci najtrudniej? Bo świadomość siebie, czasem mocno boli. Jeśli ta lektura niewiele Ci przynosi i jesteś trochę znużona powtarzającymi się wątkami, moim stylem pisania, myśleniem, czy też klimatem, to daj sobie na luz i odłóż ją na półkę, albo daj komuś, komu może się bardziej przydać. Jeśli jednak zadania Ci się podobają i nie znajdujesz na nie czasu, to odłóż książkę na jakiś czas, dogoń treść swoimi działaniami i wróć do tego momentu, jeśli będziesz już gotowa. A jeśli idziesz razem ze mną, powoli i uważnie, to masz już wiele za sobą. Masz swój piękny zeszyt i nie wahasz się go używać. Właściwie jest już mocno zapisany. Może jesteś na terapii i pracujesz nad swoimi trudnymi sprawami z przeszłości. Może masz już swoje nowe imię, spotkałaś swoją nową Mamę i Babcię. Może cieszysz się z kontaktu z Tatą Wszechświatem i słyszysz, co do Ciebie mówi. Możliwe, że kupiłaś już sobie kilka miłych drobiazgów i masz już prezent dla swojej Małej. Masz już miejsce mocy, do którego się czasem wybierasz, a czasem spotkasz w sobie, tę małą dziewczynkę i coś razem robicie. Zgadzasz się na to, że czasem jest Ci trudno i widzisz już w tym wszystkim jakiś większy sens. Czasem się czujesz jak świrnięta – ale jakoś Ci weselej i raźniej. Jeśli jesteś właśnie tu, to fantastycznie. Gratuluję i kibicuję Ci bardzo. To dla mnie wielka radość, być towarzyszem Twojej podróży. To mój 15 dzień pisania do Ciebie. Jesteśmy po połowie. Mam jeszcze dla Ciebie parę tematów i zadań, ale wiem, że udoskonalę jeszcze w międzyczasie poprzednie wpisy, bo pojawiają się w mojej głowie kolejne ważne rzeczy. Więc do czytania pozostaje Ci mniej niż połowa.

Jeśli nie masz jeszcze swojego zeszytu – to, to jest dobry moment do odłożenia książki i pójścia do sklepu. To będzie Twój pamiętnik –

zapiszesz w nim naprawdę ważne dla siebie rzeczy i dzięki niemu, będziesz o nich lepiej pamiętać.

Kiedy zaczynasz lubić swoje ciało

Twoje Ciało – ważny i trudny temat. A może nie? Wiele kobiet ma spory problem, z tym że ich ciało się zmienia w czasie. Nasza kultura ceni raczej kobiety młode i ładne – to wiemy. Twoje starania o ciało niewiele już dadzą. Możesz oczywiście pielęgnować skórę, włosy, figurę. Oczywiście, że tak, rób to. Tylko nie zafiksuj się na tym za bardzo. Przecież i tak nie zmienisz biegu zdarzeń (biegu starzeń). Możesz też bardziej się skupić na czymś, na co masz wpływ. Możesz inwestować w intelekt, naukę języka, ćwiczenia pamięci, zdobywanie wiedzy czy nowych umiejętności. Umysł jest jak mięsień, nieużywany – zanika hi hi hi… A tak poważnie, to wiadomo, że ćwiczenia dają wiele. W Twoim wieku też możesz się uczyć. Możliwe, że nieco wolniej, ale możliwe też, że będziesz umieć zrobić zdrową selekcję tego, co warto zapamiętać, a czego nie. A wtedy może być szybciej i produktywniej.

Lubisz swoje ciało? Nie? Dlaczego? Lubisz? Uff... to super. Twoje ciało jest bardzo przydatnym nośnikiem Ciebie po tym świecie. Prawdopodobnie masz dwie ręce i dwie nogi. Masz głowę, mózg i serce, dzięki temu myślisz i czujesz. Dzięki temu jesteś. Masz też oczy, które widzą ten świat i jego walory, masz uszy, które słyszą czasem niesamowite dźwięki. Masz usta z językiem w środku, który służy do różnych rzeczy, np. do rozpoznawania smaków, mielenia pyszności żywnościowych. Masz takie różne sprawne podroby, które służą do trawienia, regulowania hormonów, umożliwiają Ci życie. Czego chcieć więcej? Ty byś chciała mieć ładne włosy, większe oczy, dłuższe nogi. No cóż, natura nie obdarzyła? A czym obdarzyła?

Wypisz wszystkie części swojego ciała, które w sobie lubisz. Może szyję, może paznokcie u nóg, kształt uszu, pępek... A potem napisz list do swojego ciała w podziękowaniu za to, że jest sprawne, za to, że żyjesz w nim. Powiedz mu też, co o nim myślisz tak od serca, że się na nie złościsz, że nie jest ładniejsze, że masz żal, że się starzeje i takie tam... Pisz co chcesz, pogadaj sobie z nim, z tym Twoim ciałem. Na koniec napisz swój wniosek lub jakąś myśl przewodnią i jeśli będzie kojąca i mądra, to trzymaj się jej. Możesz tę myśl zapisać na kartce i przykleić koło lustra w łazience. Będziesz ją widzieć obok siebie, gdy popatrzysz w lustro. Goście będą mieli ubaw. A starzenie mi się także nie podoba. Kto to wymyślił? A może ktoś mądry, kto nam chciał coś powiedzieć? Ktoś, kto widzi w tym sens? A może to dla nas taki przekaz i wyzwanie, i jak przejdziesz ten próg dojrzałości, to dalej czeka Cię nagroda? Możliwe, że tam dalej jest większy spokój i zgoda na siebie i na nieuniknione zmiany. Wyobraź sobie siebie zupełnie pogodzoną z tym procesem. Wyobraź sobie, że masz totalnie w nosie to, jak wyglądasz, ale zależy Ci na tym, jak się zachowujesz. Wyobraź sobie siebie pomarszczoną, starą i pogodną, siebie pełną miłości i z blaskiem w oczach, w towarzystwie kochających Cię osób.

Znajdź obraz/zdjęcie kobiety starszej, takiej, jaką chciałabyś sama być za wiele lat. Tu chodzi o wygląd w połączeniu z pogodą ducha, czy czymś innym, co jest dla Ciebie ważne. Wydrukuj to zdjęcie lub zorganizuj sobie i powieś na ścianie, lub postaw na biurku (a może powieś w łazience). A potem mów do niej w myślach o swoich rozterkach związanych z Twoim ciałem.

I proponuję Ci jeszcze jedno zadanie – weź sobie spokojną, uważną kąpiel. Zrób w łazience klimat. Przygaś światło i zapal świeczki (minimum 5 świeczek). Poproś domowników, żeby Ci nie przeszkadzali przynajmniej przez 59 minut. Telefon i książki zostaw w pokoju i pójdź tam sama. Do świątyni wody i cielesności doczesnej. Dodaj do kąpieli jakąś pachnącą sól, czy inny miły aromatyczny specyfik. Poleż sobie długo w ciepełku. Jesteś w wodzie, jak w łonie matki, woda koi i otula. Umyj się powoli i uważnie. Delikatnie rozprowadzaj na sobie mydło. Poważnie – zrób to bardzo, bardzo wolno i uważnie. Popatrz na części swojego ciała, wysyłaj im miłe myśli, dziękuj, masuj, pielęgnuj życzliwie. Zrelaksuj się na maksa, nigdzie się nie spiesząc. Jesteś Ty i Twoje ciało i macie się dobrze.

A teraz parę słów o twarzy. Twoja twarz przyjmuje zmarszczki – to takie rysy wydarzeń, które Cię w życiu spotkały. Rysy uczuć, które przeżywałaś. Twarz jest kartką, na której jest zapisane Twoje życie. Mówi się, że z twarzy można wiele wyczytać. Zgadzam się z tym. Teraz kiedy te rysy produkują się intensywniej, szczególnie ważne jest to, co przeżywasz, jak myślisz i jaka jesteś. Teraz wszystko zapisuje się szybciej i wyraźniej. Więc jeśli chcesz mieć ładnie pomarszczoną twarz, dbaj o to, żeby dużo się śmiać, dużo się relaksować, dużo mądrzej żyć i po swojemu tworzyć swoje życie. Wtedy na Twojej twarzy zapisze się radość z życia, pogoda ducha, mądrość życiowa i wolność osobista. Ma to dla Ciebie sens? Wiem, że trochę od Ciebie zależy to, jak będziesz wyglądała jako starsza osoba, jaka będzie Twoja twarz. Twoje oblicze i spojrzenie bardziej zależą od tego niż od dobrego kremu.[1]

---

[1] zadanie 51

Kiedy uprawiasz Hygge

Duńczycy robią Hygge. Mają oni takie jedno słowo, które zawiera w sobie kilka określeń: komfort, błogość, relaks, niespieszną radość, wygodę i przytulność. To wszystko w jednym słowie. To cała filozofia na życie i sztuka spędzania czasu wolnego w szczęściu, cieple rodzinnym i bliskości z poczuciem fizycznego i psychicznego komfortu. W słowie hygge kryje się pewien styl życia oraz praktyka tworzenia przyjemnego i przytulnego otoczenia, które wpływa na nasze samopoczucie. Liczne statystyki wskazują na to, że Duńczycy są najszczęśliwszymi ludźmi na świecie, mają dobrobyt, ponoć pracują 37 godzin w tygodniu i mają 6 tygodni wakacji. Dbają o balans między życiem zawodowym a wypoczywaniem i życiem rodzinnym. Możesz z nich brać przykład, poczytaj o hygge i inspiruj się, weź sobie z ich pomysłów coś dla siebie.

Możesz zaprosić do siebie kilka koleżanek (z dziećmi bądź nie) i wspólnie spędzić całą niedzielę, razem przygotowując obiad, bawiąc się z dziećmi, grając w jakąś grę, czy siedząc beztrosko na kanapie. Możesz pójść ze znajomymi do parku lub na łąkę z kocykiem i jedzonkiem i zrobić piknik. Możesz zostać w domu ze swoją rodzinką i mieć plan na nieplanowanie czasu. Możesz też pobyć sama, wyspać się, posnuć się po domu, poczytać, pobyć ze sobą, coś potworzyć. Albo możesz wyciągnąć farby, rozłożyć na podłodze kartki i gazety i oddać się twórczej radości razem ze swoimi dzieciakami (albo i sama). Warunki udanego hygge, moim zdaniem, są takie: zostawiacie telefony i inne media, nie pijecie alkoholu (chyba że symbolicznie), jesteście ze sobą świadomie i na luzie, jecie coś dobrego, robicie coś miłego, macie czas. Podoba Ci się? Mnie bardzo!

Kiedy czytasz sny i dostajesz anioła

Osoby wysoko wrażliwe często mają intensywne sny. Ta ich wrażliwość mieści się w dużej mierze w ich mózgu i w sposobie myślenia. Zbyt intensywne myślenie przeszkadza w dzień, a w nocy ·nie dają spokoju sny. Jeśli jesteś wysoko wrażliwa, to dokładnie wiesz, o czym mówię. Masz dużo snów, sporo głupot Ci się śni, sporo spraw pochodzi z rzeczywistości, sporo jest też absurdów. Możliwe, że masz koszmary i sny o bardzo rzeczywistym charakterze. Niektóre są prawdopodobnie niewiele znaczącą, mieszanką wszystkiego, co zobaczyłaś, usłyszałaś, czego doświadczyłaś w dzień lub wcześniej w życiu. Niektóre można olać, ale nie wszystkie.

Dwa dni temu śniło mi się, że kolega z dzieciństwa powiedział mi, żebym sięgała po wsparcie do przodków. Wymienił imię kobiety, ale brzmiało ono dziwnie: Aneida, Alenia? Wiedziałam, że w imieniu jest słowo nie. Mówił o jakiejś przodkini, a ja myślałam, że mówi o jakiejś starożytnej bogini. Jednak po przebudzeniu zaczęłam analizować ten sen. Jakiś czas temu odkryłam, że moje sny mają zaszyfrowany symbolami przekaz i nie można ich interpretować wprost. Zaczęłam zgłębiać temat i myśleć o tym imieniu i po chwili wyszło mi imię Aniela (ma w środku nie). Moja prababcia miała na imię Aniela. Ta prababcia nie doczekała mojego przyjścia na świat. Mówili mi o niej i żałowałam, że jej nigdy nie poznałam. Jak na grobie babci (jej córki), widzę jej imię, to myślę o niej i tym, że to imię byłoby fajne dla mojej córki. No i przodkini jak byk. Jak jednak sięgać po jej wsparcie? Czemu? Zaczęłam buszować po Internecie i znalazłam znaczenie imienia Aniela. Imię Aniela pochodzi od łacińskiego słowa angelus, które oznacza anioła i posłańca. Ciekawe. Aniela to chodząca dobroć. Jest łagodna i przyjazna, uczynna i sympatyczna. Pomaga z odruchu serca. Uwielbia naturę, ceni wolność, męczy się w tłumie (może jestem podobna do niej?). Cechuje ją roztropność. Przed podjęciem ważnych decyzji, długo się namyśla. A może dostałam Anioła? A dlaczego miałabym tak nie pomyśleć? Równie dobrze mogę pomyśleć, że śnią mi się bzdury, ale wersja z Anielą i Aniołem bardziej mi się podoba.

W tym śnie rozmawiałam z mamą tego kolegi z dzieciństwa o kwiecie hortensji. I o nim też poczytałam. Hortensja – symbol uczciwości i wdzięczności. A także, symbol głębokiego porozumienia między ludźmi, niekoniecznie w romantycznej relacji. Może być między przyjaciółmi lub członkami rodziny. A może ten symbol wskazuje mi na kontakt z Tobą właśnie? Może to chodzi o nasze głębokie i mądre porozumienie między kobietami? Może chodzi o porozumienie na głębszym poziomie? Ja się tak czasem bawię, w czytanie snów. Wychodzą mi z tego ciekawe rzeczy i szukam w snach symboli, które skrywają dla mnie wiadomości. Tak, możliwe, że jestem szurnięta, ale dobrze mi z tym.

A dziś niespodzianka – zadzwonił mój tata (który ma równie popieprzone sny, jak ja) i powiedział, że mu się śniłam. I to jest dopiero ciekawe, że żyjemy w snach, i nie tylko w swoich. Powiedział, że byłam u niego w czerwonej sukience. Wyglądałam ponoć bardzo kobieco i powiedziałam, że płakać, to ja będę, jak wrócę do domu, nie teraz. To jak? On wie, że płaczę w domu czasem, a na wierzchu prezentuję się całkiem dobrze? Taka prawda, ale i ojcowska troska w tym była bardzo miła. A dwa dni temu rzeczywiście płakałam sama w domu. Może wyczuł?

I od razu zapytałam go o prababcię Anielę. Opowiedział, że była dobrą, ciepłą i bardzo uczynną kobietą. Była bardzo zaradna i uzdolniona manualnie. Ponoć zajmowała się dobroczynnością, zbierając pieniądze na Trynitarzy – Zakon Przenajświętszej Trójcy w Krakowie. Szkoda, że jej nie spotkałam za życia. Dobrze, że chociaż teraz jest mi to dane. Prababciu Anielu, czuję Twoją obecność i dziękuję Ci za to, że mi towarzyszysz. Anielu moja, stróżu mój, Ty zawsze przy mnie stój.

Kiedy czytasz jawę
i dostajesz dzika

Pewnego dnia przyszedł do mnie dzik. Wpadł nieproszony. Nikt się go nie spodziewał. Gdybym wybierała, wybrałabym inne zwierzę, takie ładne, dostojne i kojarzące się z czymś miłym lub z siłą. A tu proszę, dzik we własnej osobie. Przyszedł do mnie i do mojej ulubionej koleżanki Elizy. Pojawił się i wprowadził zabawny nastrój, który panuje między nami do dziś. Nie umiem tu opisać tego spotkania. Może nie jest to konieczne. W każdym razie było ono śmieszne, magiczne i zaskakujące. Bo czasem w życiu przytrafiają się sny na jawie. I takie sny też można czytać.

Dzik. *Dzik jest jedynym w polskim języku dzikim zwierzęciem, którego dzikość została aż tak dosłownie zapisana i podkreślona w jego nazwie. Dzik musi więc być nie inny jak dziki! [...] Postać/obraz dzika, gdy pojawia się w snach, wizjach, uporczywych skojarzeniach i w dziwnych przypadkach, czyli synchronicz   nościach, a także w spotkaniach z dzikami jako takimi w lesie, przede wszystkim niesie apel, aby nie poprzestawać, nie zatrzymywać się w połowie drogi lub na jej początku. Zaprasza do głębszego i najgłębszego wejścia w sprawy i przedsięwzięcia. Wzywa do tego, żebyśmy utożsamili się z tymi sprawami, a nie tylko podglądali je niby–chłodnym okiem. Postać dzika wzywa nas do życia, całym sobą. Namawia do rozwinięcia tego, co masz w sobie autentycznie, własne. Do zaprzestania samookłamywania się i łudzenia innych. Jednocześnie napomina, że nie uniknie się przy tym głębokiego zaangażowania i – również – nie uniknie się niebezpieczeństw, którym musisz stawić czoła. Dzik zapowiada życie autentyczne, chociaż, jakby w zamian, wcale nie bezpieczne. Za to przy niebezpieczeństwach woła: przetrwasz. Dzik zachęca do samodzielności i „własnoręczności". Napomina, że pewnych spraw nie załatwisz, przekazując je innym, zlecając lub kupując. Mówi, że dużą i ważną część życia trzeba przeżyć samemu i doświadczyć naprawdę na własnej skórze. Przypomina też o praktyce, o tym, że „nie święci garnki lepią” (glina – błoto – ulubiona materia prima dzików!) Pojawienie się dzika trzeba często rozumieć tak, że oto wyobrażanie, snucie planów i teoretyzowanie się skończyło, pora brać się do dzieła naprawdę*[1]*.*

Opis znaczenia pojawiającego się dzika mówi sam za siebie, mówi o mnie, mówi o Tobie. Ten dzik dla mnie to informacja, którą odczytałam z tego, co pojawiło się na jawie. Tak, między innymi, czytam jawę. A dzikość to piękne określenie pochodzące ze świata kobiecości. Uważam, że dzikość jest niesamowitą cechą charakterystyczną każdej kobiety. Albo po prostu niesamowita jest kobieta, kiedy jest dzika. Dzika, czyli jaka? Wolna, żyjąca w naturalnym środowisku, nieudomowiona, spontaniczna, samodzielna, silna, chodząca swoimi drogami, żyjąca z całego serca, nieco szalona.

---

[1] artykuł dostępny w wersji on-line na dzień 31.02.2020 pod adresem www. taraka.pl

Kiedy widzisz związek między kobietą a mężczyzną

Kobiety są ponoć z Wenus, a Mężczyźni z Marsa. Wenus jest drugą planetą od Słońca, potem jest Ziemia, a potem Mars. Kobiety są bliżej słońca, bliżej emocji i ciepła. Mężczyźni już trochę dalej, chyba trochę u nich chłodniej. A pomiędzy ich światami jest Ziemia. Spotykają się więc w połowie drogi. Kobieta jest z Wenus, a Mężczyzna z Marsa. Trafiają na siebie na nowej Ziemi, nie znają jej. Każdy ze swojego świata przybywa. Na początku są sobą zachwyceni. Poznają siebie, oglądają swoje różnice z ciekawością i na pięknej Ziemi wiją sobie gniazdko. Z czasem okazuje się, że nie jest im łatwo. Kobieta pragnie ciepła, które zna. Potrzebuje ciągłego podgrzewania. A on? A on nie rozumie, po co jej tyle tego ciepła. Na początku ją podgrzewa, ale potem z czasem nie ma już na to siły, albo nie widzi w tym za dużo sensu. Żyją sobie razem na pięknej, nowej dla nich planecie i po jakimś czasie przestają zauważać jej piękno. Zaczynają ją traktować jak swoją, przestają się nią zachwycać. Kobieta przestaje się z czasem zachwycać mężczyzną, a mężczyzna kobietą. Żyją po prostu na Ziemi i próbują łączyć koniec z końcem. Nie zauważają, jakie to piękne, że są razem. Chodzą do pracy, rodzą dzieci, mieszkają w domu i mało przebywają na powietrzu. Różnice pomiędzy nimi stają się nieznośną, codzienną rzeczywistością i już nie są takie urocze. Ona ma pretensje, że on jej nie rozumie i nie daje jej tego, czego ona potrzebuje. A on ma pretensje, że ona ciągle ma do niego zastrzeżenia, że go nie akceptuje takim, jaki on jest. Zaczynają się problemy z prostą komunikacją. Kosmici z dwóch planet zamieszkujący Ziemię mogą z czasem zacząć się zwalczać. Narzekać jeden na drugiego. Winić siebie nawzajem za swoje nieszczęście. To jest czarny scenariusz. Niestety dobrze nam znany.

Wenus jest, trzecim po Słońcu i Księżycu, ciałem niebieskim pod względem jasności. Nazwa planety pochodzi od rzymskiej bogini miłości, Wenus. Na niebie planeta jest widoczna tylko przez około trzy godziny przed wschodem Słońca nad wschodnim horyzontem lub po zachodzie Słońca nad zachodnim horyzontem. Nieodłączna towarzyszka wschodzącego i zachodzącego Słońca, nazywana jest także Gwiazdą Poranną (Zaranną, Porankową lub Jutrzenką), kiedy zwiastuje wschód Słońca, albo Gwiazdą Wieczorną, która finalizuje jego zachód.[1]

Mars – czwarta od Słońca planeta Układu Słonecznego. Nazwana od imienia rzymskiego boga wojny – Marsa, zawdzięcza ją barwie, która przy obserwacji z Ziemi wydaje się rdzawo –czerwona i kojarzyła się starożytnym Rzymianom z pożogą wojenną. Odcień bierze się od tlenków żelaza pokrywających powierzchnię. Mars jest planetą z wewnętrzną cienką atmosferą, o powierzchni usianej kraterami uderzeniowymi, podobnie jak powierzchnia Księżyca i wiele innych ciał Układu Słonecznego. Występują na nim różne rodzaje terenu, podobne do ziemskich: wulkany, doliny, pustynie i polarne czapy lodowe. Na Marsie znajduje się najwyższa góra w Układzie Słonecznym – Olympus Mons i największy kanion – Valles Marineris. W przeciwieństwie do Ziemi Mars jest geologicznie i tektonicznie nieaktywny.[2]

Nowe obserwacje pokazują, że pomimo ogromnej różnicy wielkości i odległości od Słońca Mars i Wenus są zadziwiająco podobne! Obie planety mają strumienie elektrycznie naładowanych cząstek ulatujących z planetarnych atmosfer. Cząstki są przyspieszane przy zderzeniu z wiatrem słonecznym, składającym się z cząstek elektrycznych ze Słońca. Atmosfera Wenus jest cienka i gęsta, a Marsa na odwrót – rzadka i grubsza. Pomimo tego magnetometr wykazał, że struktury obu pól magnetycznych są bardzo podobne[3] *Hi hi hi...*

Wenus (mit. rzymska) – bogini miłości, wiosny, roślinności i ogrodów warzywnych. Matka Amora. Głównymi atrybutami tej bogini były owoce i kwiaty. Wenus nie miała ani ojca, ani matki. Mimo to nie uważała się za sierotę. Pewnego poranka wyłoniła się z piany morskiej.

Mars – bóg wojny. Jeden z głównych bogów w mitologii rzymskiej.

---

[1] artykuł z Wikipedii dostępny w wersji on-line na dzień 31.02.2020 pod adresem https://pl.wikipedia.org/wiki/Wenus

[2] artykuł z Wikipedii dostępny w wersji on-line na dzień 31.02.2020 pod adresem https://pl.wikipedia.org/wiki/Mars

[3] artykuł dostępny w wersji on-line na dzień 31.02.2020 pod adresem www.news.astronet.pl

Początkowo czczony jako patron pór roku, szczególnie wiosny oraz bóg płodności i wegetacji. Pasterze powierzali swoje stada opiece Marsa przed watahami wilków. Poświęcono mu pierwszy miesiąc w kalendarzu rzymskim – marzec (łac. mensis Martius), kiedy to tradycyjnie pogoda pozwalała wznowić lub rozpocząć działania wojenne.[1]

Mamy więc Wenus – planetę jasno świecącą na niebie, kojarzoną z porankiem i wieczorem, czyli początkiem i końcem dnia. Mamy Marsa nieaktywnego geologicznie i tektonicznie, ale budową do Ziemi bardzo podobnego. Mamy Bogów rzymskich, uznawanych za patronów wiosny. Bogini miłości i bóg wojny. Jak oni mogą się dogadać?

I spotkali się na Ziemi, a im dłużej żyli, tym byli bardziej nieszczęśliwi. Co ich może uratować? Myślę, że dalsze poznawanie siebie, otwieranie się na różnice, poszukiwanie podobieństw, akceptacja siebie, miłość i komunikacja. Mogą przypominać sobie każdego dnia, że spotkali się na Ziemi, gdzie życie jest możliwe. Spotkali się na pięknej wspólnej Ziemi. Nie mają dokąd wracać, bo nie ma życia tam, skąd pochodzą. Mogą rozmawiać ze sobą i opowiadać sobie o swoich światach. Mogą tworzyć nową jakość razem. I choć, nie bardzo wiedzą, jak, mogą współpracować, mogą razem ustalać, jak chcą żyć. Mogą mówić o swoich potrzebach: ona o cieple, do którego bardzo tęskni, on o spokoju i o podróżach samotnych po pięknych bezdrożach jego świata. Mogą stworzyć razem nową jakość, coś, czego każde z osobna, nie mogłoby sobie nawet wyobrazić. I mogą w tym być razem, żeby im było raźniej. I mogą stworzyć coś dobrego, pod warunkiem, że będą dla siebie otwarci, życzliwi i szczerzy. A warunek konieczny ich powodzenia to, to, że będą ze sobą współpracować oraz że będą się dobrze i jasno ze sobą komunikować. Jeżeli zabraknie im któregoś z tych elementów, ich sytuacja może zrobić się bardzo niebezpieczna. Mogą próbować zniszczyć siebie i wszystko, co wcześniej razem stworzyli. Mogą przestać chcieć być razem, bo będzie ich, takie niepełne życie wykańczało.

---

[1] artykuł dostępny w wersji on-line na dzień 31.02.2020 pod adresem https://pl.wikipedia.org/wiki/Mars_(mitologia)

Kiedy słuchasz swojego serca

Najnowsze odkrycia naukowców wskazują, że nie myślimy tylko mózgiem. Mamy jeszcze serce, w którym znajduje się ok. 40 tys. neuronów sensorycznych o budowie identycznej z tymi, w mózgu. To tak, jakby serce było małym mózgiem, który myśli i czuje. Serce i mózg mają ze sobą łączność elektromagnetyczną, dzięki której przesyłają sobie nawzajem informacje. Ponoć więcej informacji płynie z serca do mózgu niż odwrotnie. Nie wszystkie informacje mózg traktuje poważnie. To może wyjaśniać częstą niespójność myśli z uczuciami oraz takie dziwne zjawiska jak: nieuzasadnione stany emocjonalne, przeczucia czy intuicja.

Myślę, że poprzez serce mamy bezpośredni kontakt z informacjami dla nas ważnymi, ale często nie jesteśmy na te informacje i uczucia gotowi, nie traktujemy ich poważnie.

Dziś mam taki trudniejszy dzień. Mija 20 dzień cyklu księżycowego, spada mi wyraźnie forma i trudno mi się dziś myśli i pisze. I powiem Ci, przy okazji, jak ja słucham swojego serca. Najpierw je ignoruję, tak z przyzwyczajenia. Ono się upomina i coś krzyczy. Ja udaję, że nic nie słyszę. Czuję wewnętrzne napięcie, jest mi niewygodnie w sobie, trochę mniej lubię siebie i zaczynam myśleć, że coś jest ze mną nie tak, ale gdy się na chwilę zatrzymam, to dostrzegam sygnały płynące z serca. Ach, myślę: ono mi chce coś powiedzieć. Siadam wygodnie i dotykam dłonią serca, a najczęściej dwiema. Dotykam środkowej części pomiędzy piersiami, tam, gdzie się robi tak błogo i ciepło. Szybko odlatuję, chwilę nie myślę nic i jak wracam do świadomości, to wydaje mi się, że gdzieś znacznie dalej odpłynęłam, jakby w kosmos. Zostaję chwilę w tym stanie miłego zawieszenia. A potem pytam. Pytam o coś, co mnie właśnie nurtuje czy męczy. I serce odpowiada. Odpowiada niemal natychmiast, mówi krótko, zwięźle i na temat. I często mnie zaskakuje. To spotkanie trwa kilka minut i zmienia perspektywę, łagodzi wcześniejsze napięcie. A oto moja wewnętrzna

rozmowa z ostatniej chwili:
Serce – Kochana, jesteś taka pracowita, to 20 dzień Twojego pisania, masz prawo czuć się zmęczona.
Rozum – Co powinnam z tym zrobić?
Serce – Wyśpij się porządnie.
Dziś, po raz pierwszy, serce rozpoczęło rozmowę pierwsze. Bardzo mnie zaskoczyło! Idę się wyspać porządnie, bez wahania i wyrzutów!
Pa, do jutra.
A na dobranoc, przyszedł mi na myśl, pięknie zaśpiewany przez Stanisława Soykę sonet Shakespeare'a.

William Shakespeare
Sonet XLVI

Śmiertelną wojnę serce z okiem toczy,
Jak mają łupy z twej istoty dzielić.
Twój widok pragną zabrać sercu oczy,
A serce nie chce im tego udzielić.
Me serce twierdzi, że cię przechowuje
Tam, gdzie nie wedrą się oczu kryształy;
Oko w tym prawdy żadnej nie znajduje
Mówiąc, że w nim się skrył twój obraz cały.
By postanowić w tej sprawie, zebrano
Sąd myśli, w sercu mających mieszkanie,
I wspólną wolą ich wyrok wydano:
Oczy część wezmą, część serce dostanie.
I tak: do oczu twój obraz należy,
A serce w głębi mego serca leży.

Kiedy odkrywasz, że urwałaś się z księżyca

Zaczęłam ten list pisać w pierwszy dzień księżycowego cyklu (tak mówię o miesiączce, bo piękniej brzmi). Poczułam wielką siłę w sobie i bardzo chciałam do Ciebie mówić. Czułam, że będę pisać cały cykl. Skąd to wiedziałam? Nie mam pojęcia, chyba z serca. Usiadłam do pisania i dziś już mamy 21 dzień cyklu. Przeleciały przeze mnie kolejne fazy księżyca. A jutro już nów. Teraz jestem w fazie najtrudniejszej. Jestem napięta, poddenerwowana, lekko płacząca, taka delikatniejsza, chce mi się jeść, puchnę, nabieram wody (w usta także).

Pomyślałam, że opowiem Ci, jak ja przeżywam moją cykliczność, jak ją widzę, jak o siebie dbam w różnych okresach cyklu. Może Tobie się przyda takie spojrzenie na siebie, na swoją ciągłą zmienność potrzeb.

KREW – czas ulgi, wyciszenia, potrzeby izolacji, skupienia się na sobie, ale także czas twórczości, ekscytacji, nowej energii i nowych pomysłów. W tym czasie wraca do mnie pogodny nastrój, chęć rozwoju, poczucie sensu życia i chęć jego zgłębiania. To w tym okresie przyszła do mnie ta wizja pisania do Ciebie oraz wielka siła na NOWE. To okres, kiedy siły i pomysły wracają. Wskazówka – BIERZ.

ROZWÓJ – czas tworzenia, czas działania, czas rozwoju, narastania sił. Wskazówka – DZIAŁAJ!

PŁODNOŚĆ – to przypływ wielkiej fali sił witalnych, twórczych pomysłów, energii do działania, radości. Czas dobrego samopoczucia, poczucia pełni i adekwatności. U mnie ten czas przypadł na Walentynki. W liście pojawiły się tematy o seksie, także w moich snach. A pisanie szło mi gładko i obficie (czyli w płodności twórczej). Wskazówka – BĄDŹ.

NAPIĘCIE – czas napięcia, nerwów, irytacji, rozedrgania. U mnie w tym czasie pojawiają się jakieś trudne sytuacje, konflikty, złość na niesprawiedliwość tego świata. Bo świat jest niesprawiedliwy – tak uważam. Pojawiają się ważne problemy, chęć zmiany i ulepszania siebie oraz świata. To czas energii złości, która przecież może być także konstruktywna. W pisaniu pojawiło się zwolnienie tempa, większa chęć na odpoczynek. Wskazówka – ODPOCZNIJ. Zestaw wskazówek do każdego opisanego czasu cyklu wskazuje na pewną prawidłowość. Bierz – działaj – bądź – odpocznij. To jest dla mnie cykl księżycowy. Czas brania od świata, czas dawania światu, czas bycia w świecie i czerpanie radości z bycia oraz czas odpoczynku. Ostatni czas cyklu jest najtrudniejszy – pozwolenie sobie na odpoczynek w naszej kulturze jest mało popularne. Czas odpoczynku i wyciszenie (to przełom napięcia i krwi). Od tego, jak podejdziemy do siebie w tym czasie, zależy dalszy ciąg cyklu. Jeśli porządnie odpoczniesz i wyciszysz się, prawdopodobnie będziesz miała więcej sił i radości z kolejnych etapów. Ja już wiem, że teraz jestem w najtrudniejszym czasie i patrzę na siebie z przymrużeniem oka. Chcesz płakać – to płacz. Wnerwiasz się – trudno. Nie wiesz, co Ci jest – nie szkodzi. Nie chcesz wyjść do ludzi – siedź w domu. Jest niedziela – nie zdejmuj piżamy. Jesteś w porządku taka rozpieprzona. Zamiast denerwować się na siebie, weź książkę, herbatkę i kocyk. Wycisz dzieci albo wyślij je gdzieś. Zaproponuj mężowi samotny spacer hi hi hi... I zgódź się na to, co jest. Im bardziej biorę, działam, jestem i odpoczywam, tym więcej satysfakcji czerpię ze zwykłej codzienności, tym bardziej wartościowe wydaje mi się moje życie.[1]

---

[1] zadanie 52

Kiedy krew Cię zalewa

Okres napięcia to czas trawienia nazbieranych wcześniej stresów, to czas wybuchów. W tym czasie jestem wulkanem, w środku buzuje, szykuje się erupcja. Gdy w tym czasie dobrze odpocznę i zadbam o siebie, wybuchy są mniejsze. Jeśli jednak się zdarzają – próbuję siebie akceptować razem z nimi. I przepraszam za nie. Obrywa się najbliższym, są najbliżej sejsmicznych terenów. I tu znów wyrażam szacun dla mężczyzn i partnerów – to piękne, że Wy to tolerujecie i kochacie dalej!

Kiedy jesteś napięta jak struna

Nasze całe życie też jest cyklem. Czas krwi – to czas naszych narodzin i wczesnego dzieciństwa, czas intensywnego budowania tego, co nowe; czas skupienia na sobie i brania. Rozwój – to dorastanie, dojrzewanie, czas uczenia się i działania. Płodność – jest tym okresem największej energii i radości życiowej. Czas na dawanie siebie innym, czas na dzieci, czas na rozwój zawodowy, czas na bycie.

A jaki mamy czas teraz? Oj! Nie wygląda to dobrze. Mamy czas napięcia? Czas, kiedy doświadczamy tego, co nazbierałyśmy. Czas rozedrgania wewnętrznego. Może pojawia się złość na to, jak żyjemy, może pojawia się chęć zmiany siebie i świata? Ten ostatni okres to na pewno czas na nauczenie się porządnego wypoczywania. Czas szacunku do siebie i szczególnego dbania o siebie (aby wybuchów było jak najmniej). To czas zwolnienia pędu, odpuszczania, czas na siebie. To jest czas na Ciebie.

Dla mnie ten czas okazał się czasem zwiększenia wrażliwości. Albo może, zaczęłam siebie obserwować i tę wrażliwość wreszcie wyraźnie dostrzegłam i zrozumiałam w sobie. Może wrażliwość jest tak samo wysoka, ale ja przestałam zgadzać się na zbyt wysokie obciążenia. Wiem także, że dla mnie mniej obciążeń, oznacza więcej energii. Taki paradoks. Jak się wycofuję lekko, dbam o siebie i odpoczywam, to mam więcej energii i podejmuję się większej ilości sensownych działań. Chyba wtedy potrafię lepiej wybierać i jestem bardziej wydajna. I o to chodzi, i o to chodzi!

Jestem pełna paradoksów. Kiedy jestem wolniejsza, to jestem szybsza i efektywniejsza. Kiedy mniej robię, to robię lepiej. Kiedy mniej chcę, to dostaję więcej. Kiedy zgadzam się z tym, że jestem słaba, to staję się silniejsza. Kiedy pozwalam sobie na smutek, to pięknie się potem śmieję. Kiedy zgadzam się na lęk i działam, to staję się odważna. Kiedy sobie odpuszczam perfekcjonizm, to łatwiej mi się rozwijać. Im badziej zgadzam się na małą dziewczynkę w sobie, tym bardziej staję się dojrzała.

Kiedy odkrywasz, jak dużo dobra jest wokół

Najlepsza komunikacja Twojego serca z rozumem odbywa się za pomocą kilku uczuć: uznania, wdzięczności, troski i empatii. Możesz dbać o to, aby pielęgnować te uczucia, możesz podlewać je w sobie, by się tam w środku Ciebie ładnie rozrastały. Gdy będziesz miała takie chwile kontaktu z sercem za pomocą dotyku i skupiania na nim uwagi, możesz wywoływać je w sobie i wysyłać do mózgu. Mózg w takich warunkach lepiej myśli, chętniej współpracuje. Dostaje sygnał, że jest bezpiecznie, że nie ma stresu i nie trzeba uciekać, ani się bronić.

Mam dla Ciebie kolejne zadanie. Proponuję, żebyś kupiła sobie kolejny zeszyt. Znów, taki najpiękniejszy w całym wszechświecie. To będzie Zeszyt Dobra. Będziesz w nim pisała dobre rzeczy, sytuacje, uczucia, spostrzeżenia. Co wieczór możesz zapisać kilka zdań o tym, co dobrego Cię dziś spotkało. Możesz pisać o szacunku do jakiegoś człowieka, uznaniu dla kogoś, o wdzięczności swojej, możesz pisać o pięknie tego świata, o miłych zbiegach okoliczności. To będzie zeszyt dobrych wiadomości, w przeciwieństwie do tego, co słyszysz i widzisz w mediach. To będzie taki zeszyt balansujący rzeczywistość w Tobie. Jeśli jednocześnie trochę zmniejszysz dopływ do Ciebie przykrych informacji o świecie (Internet, TV, wiadomości w radiu), balans będzie łatwiejszy.

Pisz o tym, że ktoś się do Ciebie uśmiechnął, że widziałaś ładną roślinkę po drodze do pracy, że wiatr był dzisiaj taki ciepły, że słońce wieczorem dawało ładne światło. Pisz o pięknych oczach Twojego męża, o zabawie Twoich dzieci, która także Ciebie wprawiła w dobry nastrój. Pisz o Twoim spokojnym oddechu, małych własnych sukcesach, na przykład, że komuś powiedziałaś w uprzejmy sposób nie, że sobie powiedziałaś tak. Pisz o wspomnieniach, marzeniach, o tym, jak pachnie książka, którą czytasz, o świetle świeczek na cmentarzu, o swoich ciekawych pomysłach twórczych. Pisz o odczuciu spokoju, które pojawiło się w Tobie nie wiadomo skąd i było z Tobą kilka minut. Pisz o spotkaniu z miłą panią w poczekalni u lekarza, o piosence, która wywołała wzruszenie. Pisz o herbacie u przyjaciółki, o majonezie z nerkowców i o smaku chleba razowego z pastą awokado.

A na pierwszych stronach tego zeszytu napisz jakieś miłe słowa skierowane do siebie i o sobie. Kiedy zapiszesz już cały zeszyt, świętuj i na przykład zrób z tej okazji spotkanie hygge u siebie w domu. Albo kup sobie piękne kwiaty lub wymarzone perfumy. I poczytaj swoim bliskim losowo wybrane zapiski.

Kiedy okazuje się, że jesteś piękna

P omimo czasu, w którym ciało zmienia się na starsze, niezmienne pozostaje to, co mamy w środku. Prawdopodobnie inni ludzie postrzegają Cię inaczej niż Ty sama. Chciałabyś wiedzieć, co tak naprawdę o Tobie myślą? Wydaje mi się, że Twoi bliscy są wobec Ciebie bardziej życzliwi niż Ty sama. Ty także masz w sobie pewnie więcej akceptacji dla innych niż dla samej siebie. Sprawdźmy to. Poproś 10 ważnych dla Ciebie osób o napisanie takiego zestawienia cech, które w Tobie widzą. Powiedz, żeby napisali, co o Tobie myślą, tak szczerze. Niech napiszą, co chcą. Dobre rzeczy, które przeczytasz, zapisz w swoim dobrym zeszycie. Przyjmij je i nie dyskutuj z nimi. Napisz też sama, co o sobie myślisz. Po przeczytaniu tego listu może łatwiej będzie Ci to zrobić z miłością do samej siebie albo chociaż z sympatią.[1]

Pielęgnuj w sobie piękno wewnętrzne. To zewnętrzne przeminie i ma mniejsze znaczenie. Czy pamiętasz jakąś starszą osobę z Twojego życia, jakąś pomarszczoną, cudowną babcię? Kochanego dziadka? Czy pamiętasz ich piękno wewnętrzne? Czy ich zmarszczki miały dla Ciebie jakieś znaczenie? Może nawet ich nie widziałaś za bardzo? Pomyśl, co pięknego mają w sobie niektórzy ludzie starsi. Pomyśl, co pięknego mają w sobie niektóre niepiękne kobiety. Opisz w zeszycie każde spotkanie z piękną osobą. Nie ważne czy starszą, czy młodszą.[2]

---

[1] zadanie 53
[2] zadanie 54

Kiedy zaczynasz wierzyć,
że możesz sobie poradzić

Moja droga czytelniczko listu. Dziś jest nów Księżyca. Ponoć kolejny ważny. Nie znam się na astrologii, ale czuję, że tak jest. Nów jest we mnie wielki. I chociaż bardzo dziś wieje, chociaż smutek w sercu mam i znów dziś płakałam, wierzę, że sobie poradzę. No, bo jak by to miało wyglądać – to, że sobie nie radzę? Zawsze jest przecież jakoś. Zawsze po kłopotach przychodzi kolejny dzień i nie pyta: czy można? Dziś miałam trudną sytuację z przeciekającym dachem i poczułam brak mężczyzny. Miałam więc kolejne lekcje proszenia o pomoc. Bo są przecież mężczyźni na tym świecie. Niektórym trzeba zapłacić za pomoc, bo są fachowcami, ale niektórzy pomogą, tak z serca, za czekoladki. Zawsze jest jakiś mąż koleżanki, mąż innej koleżanki i jeszcze kolejnej, kolega, znajomy, sąsiad. Dziękuję mężczyźni za pomoc przy wieszaniu lamp, wnoszeniu mebli, naprawianiu szafek w kuchni. A rolety zamontowałyśmy same, ja i ulubiona koleżanka Agnieszka. A proszenie o pomoc nie jest dla mnie łatwe. Dla Ciebie też nie? To można trenować. Z czasem idzie łatwiej. Czyli możesz być sama, ale niekoniecznie sobie sama radzić, bo zawsze się znajdzie ktoś miły, jeśli poprosisz, oczywiście. Proszenie o pomoc jest oznaką siły, a nie słabości. A poza tym, pamiętasz, że nie jesteś sama, bo masz siebie?

A nów przynosi nowe. Otworzyłam stronę na Facebooku – Kobiece Przestrzenie (dziś Sikorka Flow). Poczułam, że to dobry pomysł, wreszcie wyjść do szerszej przestrzeni, do kobiet w świecie. Mogę spróbować mówić z zacisza gabinetu terapeutycznego do świata kobiet inaczej, szerzej i odważniej. Nie łatwe to dla mnie, takie przełamanie, ale skoro już zaczęłam pisać do Ciebie, to już uczyniłam wielki krok. Kolejne będą tylko kontynuacją tego.

A Kobiece Przestrzenie to nazwa, która razem ze mną kroczy już od ponad 10 lat – tak się nazywają moje wszystkie warsztaty dla kobiet. Przestrzenie pięknie określają wielowymiarowość kobiecej natury. Mamy ich wiele. Pisząc do Ciebie, zauważyłam, że piszę o wielu bardzo różnych rzeczach, poruszam się w różnych przestrzeniach (Twoich i moich przestrzeniach), przestrzeniach szeroko pojętej kobiecości.

Dziś, wróciłam do domu i wzruszyłam się, że mam dom, mam dach nad głową i ciepło urządzoną przestrzeń. Po powrocie z tego wietrznego i deszczowego świata mogę się schronić w mojej przytulnej małej przestrzeni. Popłynęły po moich policzkach spontaniczne łzy szczęścia i wdzięczności.

Jeszcze mam lęki finansowe, ale i one jakoś się długo nie trzymają, bo albo jakaś nowa praca się pojawia, jakaś nowa okoliczność, albo nowe pomysły, jakoś mi magicznie wystarcza. Dziękuję świecie za współpracę w tej dziedzinie. I Tobie też tego życzę. Uważam, że kobieta jest tak samo wydolna, jak mężczyzna i w naszym świecie może śmiało zarobić na siebie. Życzę Ci spokoju i rozwoju w tej kwestii.

Może Ty nie masz zamiaru odejść od partnera, może dobrze Ci tam, gdzie jesteś. Jeśli tak, to pięknie. Ucałuj ode mnie partnera. Może masz inne wyzwania i boisz się, czy sobie poradzisz? Wiesz, nigdy tego się nie dowiesz, jak nie spróbujesz.

Kiedy zaczynasz lubić swój czysty umysł

A ja uwielbiam być trzeźwa. Lubię być świadoma, lubię przejrzysty umysł, jasność myślenia, prostotę postrzegania. Niektórzy myślą, że to moje zboczenie zawodowe, ponieważ od wielu lat jestem terapeutą uzależnień. Ależ nie. Ja im (osobom uzależnionym) bardzo współczuję, że niszczą swój umysł, że nie lubią przejrzystości i prawdy w sobie.

A Tobie chciałam powiedzieć, żebyś uważała, bo w takim trudnym czasie, można szybko się zagubić. Z używkami, to jest tak, jak z tymi mężczyznami ciasteczkami, działają tylko na chwilę. Potem i tak wraca szara rzeczywistość. A może wrócić z większą negatywną siłą, po chwilowej uldze, jaką sobie sprawisz. Nie polecam. A znam wiele fantastycznych kobiet uzależnionych, które weszły w nałóg w tym późniejszym wieku i nieco trudniejszym dla siebie czasie. A są fantastyczne, bo zdrowieją i stają się bardziej sobą, gdyż są bliżej jasności własnego umysłu.

I, proszę Cię bardzo, nie pij alkoholu, jak dzieci zasną, nie pij wieczorem, gdy już wszystko zrobisz w domu, nie pij w nagrodę, nie pij, żeby popłakać, nie pij sama ze sobą! A jeśli już pijesz, to pij symbolicznie. Bądź panią swojej głowy.

Kiedy złość piękności nie szkodzi

Dopadło mnie! Dziś jestem wkurwiona. Wewnątrz się trzęsę. I nawet nie ma wielkich powodów. Po prostu wściec się można! Razem z Tobą przechodzę mój cykl i dochodzę do najtrudniejszego momentu. Znasz to, prawda? I jak tu wytrzymać ze sobą? A jak ma wytrzymać z Tobą ktokolwiek bliski? Pewnie są sposoby na złagodzenie sytuacji. Można opowiedzieć o swoim nastroju, o przyczynach złości. Można ujawnić to, co się z Tobą dzieje. Zadzwoń do koleżanki i powiedz, jak Cię w środku szarpie, nazwij to. Możesz też pisać różne głupoty z głowy do zeszytu. Tego pierwszego, oczywiście. Nawet brzydkie słowa.

Złość jest niesamowitą energią. Służy do obrony, do buntu, do rozwoju też może służyć. Uczyłyśmy się w dzieciństwie, że złość piękności szkodzi. Czyżby? Głupoty kolejne. Może w chwili odczuwania, nie jest ona zbyt miła do oglądania. Kobieta, która umie się złościć, jest piękniejsza. Przynajmniej wewnętrznie. Dla mnie trudne są takie kobiety, które się nie złoszczą, które są ciągle miłe, uczynne. Trochę są nudne i niebezpieczne. Ja wolę od takich trzymać się z daleka. Czuję przy nich niepokój i smutek.

Dziś, moje napięcie na koniec dnia, rozładował śmiech przez telefon z moją dziką koleżanką. Aż płakałam ze śmiechu. I wszystko puściło. I lekki nastrój wrócił.

A te nauki o grzecznych dziewczynkach, o tym, że nie wypada, że nie przystoi, co ludzie powiedzą, że dziewczynki nie powinny się złościć – dziś te nauki wsadzamy głęboko gdzieś. Cholera! Baba ma tylko płakać, być słaba i cicha, tak? Po co dziewczynka ma być grzeczna? Po to, żeby wyrosła na dobrą, kochającą i uczynną dupę wołową? O nie!

Opisz jeden przykład z życia, kiedy Twoja złość bardzo Ci się przydała. Ja, jak kiedyś pierdzielnęłam w łeb kolegę z podstawówki, to przestał mnie definitywnie zaczepiać. Jestem z tego dumna po dziś dzień. Mniej wygodna jest kobieta, która umie się złościć, ale za to jest bardziej autentyczna. Albo jesteś dupą wołową, albo autentyczną kobietą, wybór należy do Ciebie. ;-)

A jeśli nie podoba Ci się to, co piszę, to zapraszam Cię na warsztaty dla grzecznych dziewczynek pt. Sama dam sobie radę. Będziemy trenować grzeczność, aby była w mocnej części głowy. Warsztaty odbędą się niebawem w Smutawisku, w domu kultury przy ul. Matki Polki 11. Będziesz mogła dowiedzieć się więcej, jak wzbudzać w sobie poczucie winy, jak negować w sobie zbędną spontaniczność, jak działać w życiu, żeby się to wszystkim podobało i jak zrobić, żeby bardziej nas interesowało to, co inni o nas mówią i myślą. Będą też ćwiczenia na to, jak reagować radością na przemoc, jak omamić partnera w czynnym uzależnieniu i przytrzymać go w domu, żeby nie poszedł do kolegów. W programie również inne tematy: jak dobrać sobie takie koleżanki, które dużo plotkują i chętnie mówią o nas źle za naszymi plecami, jak zmienić partnera na gorszego, jak zajechać się na śmierć sprzątaniem i wypruwać sobie flaki. Dodatkowo nauczysz się technik podejmowania ryzyka w celu obrony partnera przed złością kobiet oraz sposobów na zdyscyplinowanie dzieci tak, aby leżały na kanapie z nogami do góry, kiedy Ty myjesz podłogę, żeby Ci jej nie zabrudziły. A w gratisie techniki sprawnego lamentu nad sobą, żalenia się na swój los i sposoby na zaakceptowanie beznadziejnej sytuacji, taką, jaka jest. Koszt warsztatów jedyne 30 zł, czyli tyle, ile zostaje Ci na Twoje potrzeby rocznie. Zapraszam.[1]

---

[1] zadanie 55

Kiedy okazuje się, że on Ci tego nie da

Niestety wpadłam w tę samą pułapkę, w którą wpada wiele kobiet. Chciałam, żeby mój mężczyzna wyleczył mnie z mojego bólu, zaspokoił moje tęsknoty, żeby czytał mi w myślach i spełniał moje pragnienia. Czułam przy nim ogromny głód miłości i uwagi. Chciałam, żeby potwierdzał moją wartość i umacniał w przekonaniu, że jestem niesamowita i piękna. Byłam kochana, a nie czułam miłości. Chciałam, żeby był dobrym mężem, a okazało się, że jestem niedobrą żoną. Opuściłam i czułam się opuszczona. Chciałam wiele od niego, za wiele. Nie umiałam kochać po prostu. Spaliłam się na swoich oczekiwaniach.

Dziś widzę, że chciałam od niego tego, czego nie mógł mi dać. Przykro mi też, że nie byłam dla niego lepsza. Znalazłam inną ścieżkę do siebie i swoich potrzeb. Znalazłam drogę do siebie i dałam sobie wiele z tego, czego chciałam od niego. Czy mnie rozumiesz? Sama w to do końca nie wierzę, ale mam od jakiegoś czasu wielki spokój w sobie. I mam jeszcze coś. Nie wiem, czy będę w stanie opisać Ci to słowami, ale spróbuję.

Mam w sobie pogodę ducha, mam lekkość w środku i brak czekania. Stan braku czekania jest stanem bycia po prostu. Nawet na jutro bardzo nie czekam. Jest dziś i skupiam się na tym, co mam do zrobienia, pracuję całą sobą, słucham ludzi, również całą sobą, sprzątam w całości pochłonięta sprzątaniem, wieszam pranie i czuję, że jestem. Teraz. Nic mi nie potrzeba i wszystko jest w porządku. No, przyznam, że nie jest tak ciągle, ale to jest ogromny procent mojego życia teraz. Ogromna różnica pomiędzy tym, co miałam np. rok temu. Wtedy miałam w sobie nieprzerwany ból wewnątrz, niewidoczne poczucie braku i tęsknoty za czymś (za wczoraj lub za jutrem). Ciągle płakałam. Moje oczy tak same się moczyły, nawet nie wiedziałam czasem, dlaczego płaczę. Moja dusza płakała. Wcześniej ciągle za czymś goniłam, a teraz czuję, że wreszcie dogoniłam. Dogoniłam samą siebie. To niesamowite uczucie, mieć siebie w taki sposób. To jest takie piękne uczucie, że śmiem twierdzić, że nigdy tak się nie czułam. To jest taki stan i takie poczucie, że wszystko jest na swoim miejscu, że jest tak, jak ma być. I dodatkowy gratis od świata jest taki, że mnie chroni. Jakby w nagrodę. Czuję się w pełni zaopiekowana przez wszechświat. Mówi do mnie: jesteś bezpieczna i dasz sobie radę. Nie jesteś sama.

Kiedy jesteś

Jeśli dobrnęłaś w czytaniu listu aż tu, to prawdopodobnie widziałaś wiele podobieństw do mnie w sobie. Prawdopodobnie coś, co pisałam, przemówiło do Ciebie. Jeśli więc jesteś podobna do mnie, to możliwe, że jesteś silną i jednocześnie wrażliwą kobietą. Masz w sobie pokłady dzikości, które chcą się z Ciebie wydostawać i może nawet masz trochę więcej na to ochoty, żeby ją ujawniać przed światem. Możliwe też, że jesteś odważna. Wiesz, z odwagą to jest tak, że możesz nie wiedzieć, ile jej masz, dopóki jej nie użyjesz. I możesz mówić, że się boisz, że nigdy się nie odważałaś, że zawsze bałaś się zgłębiać nowe. Wiedz, że pomimo strachu możesz działać. I to jest prawdziwa odwaga. Działanie pomimo strachu. Co to za sztuka, być odważnym i się nie bać? Rozumiesz? Wiem też, że jesteś niezależną osobą i możesz decydować o swoim życiu. Możesz w życiu podążać swoją własną drogą. No, bo kto Ci tego zabroni? Masz życie i możesz go używać, do życia po swojemu. Możesz też oczywiście nic nie robić, nic nie zmieniać i żyć tak, jak żyłaś. Od dziś masz całkowity zakaz marudzenia i narzekania. Ponieważ to będzie także Twój wybór. Zaakceptowanie i docenienie, tego, co masz, może być świetnym pomysłem dla Ciebie, ale pamiętaj, zero marudzenia! Nie marnuj energii, tylko żyj.

Może po przeczytaniu moich słów nic się u Ciebie nie zmieni. Jeżeli sama nie wykonasz żadnych kroków, to czytanie mnie nic u Ciebie nie zmieni, na pewno. Teraz masz sporo inspiracji, pomysłów i zadań, które możesz wykonać w późniejszym, bardziej odpowiednim do tego czasie. Zrób to po swojemu, ale coś zrób! Samo się nie zrobi. A osiągniesz apogeum własnego rozwoju, jeśli dotrzesz do takiej spokojnej myśli w sobie, że to fajnie, że już nie jesteś młoda.

Kiedy jesteś wdzięczna, że już nie jesteś młoda

Poważnie, to fajnie. Ja się tam cieszę! Cieszę się także, że nie jestem starsza. Jestem taka akurat. Już nie muszę wracać do szkoły, nie męczą mnie rówieśnicy, nie stresują nauczyciele, nie muszę wstawać codziennie na ósmą (zupełnie bez sensu). Dzieci już urodziłam, więc ciąże mam zaliczone. Duże te dzieci, coraz bardziej i bardziej samodzielne. Kryzys Wieku Pięknego mam już za sobą. Coraz mądrzejsza jestem i coraz bardziej wyluzowana. Już bym się nie chciała cofać.

A teraz zaproponuję Ci ciekawe spotkanie z osobą starszą od Ciebie o 10 lat. To będzie Twoje spotkanie ze sobą. Wyobraź sobie siebie za 10 lat. Jak będziesz wyglądała, jak będziesz ubrana, co będziesz robiła? Napisz list od tej starszej siebie, do siebie z teraz. Nie myśl za dużo. Po prostu usiądź i pisz spontanicznie. Ciekawe co Ci ta starsza powie.

Chcę Ci powiedzieć, że możesz pracować nad tym, żeby być dłużej młoda, dłużej w dobrej kondycji. Masz na to wpływ, czy będziesz się starzała szybko, czy też wolno. Ćwiczenie kontaktu z sercem, o którym pisałam w rozdziale o słuchaniu swojego serca, to uruchamianie procesów ochrony immunologicznej i związków chemicznych sprzyjających życiu. Gdy wysyłamy optymalny sygnał z naszego serca do mózgu, następuje wzmocnienie, uzdrowienie i uspokojenie. Mózg otrzymuje sygnał, że jest bezpiecznie i wie, że nie musi walczyć ani uciekać. W stanie tzw. koherencji serca uruchamiają się hormony przeciwko starzeniu (dehydroepiandrosteron – DHEAhttps://pl.wikipedia.org/wiki/Dehydroepiandrosteron[1]), bo jest na nie miejsce. W stresie hormony te odchodzą na plan dalszy, z powodu bardziej zagra-

---

[1] więcej na temat DHEA w artykule dostępnym w wersji on-line na dzień 31.02.2020 pod adresem https://pl.wikipedia.org/wiki/Dehydroepiandrosteron

żających życiu sygnałów.

Wczoraj, tuż przed snem, w tym stanie serca, zadałam sobie pytanie: Co ja jej (czyli Tobie) mam jeszcze powiedzieć? I otrzymałam natychmiastową odpowiedź: Powiedz jej, że ją kochasz. Zdumiewające, prawda? Jak mam Ci powiedzieć, że Cię kocham? Przecież wcale Cię nie znam, ale wierz mi lub nie, ja poczułam tę miłość bardzo mocno. I rozum chciałby się tu z sercem bardzo pokłócić, tylko po co? Nie dam mu takiej możliwości. Wyłączam rozum i mówię do Ciebie: Nie znam Cię, ale czuję, że Cię kocham! Nie jest to może miłość w standardowym, potocznym wydaniu, ale taka miłość prosto z serca... Taka prosta i czysta. I chcę Ci przy okazji powiedzieć, że ja bardzo kocham samą siebie. Trudno mi to przyznać, ale taka jest prawda. I Tobie życzę takiej miłości własnej.

Wierzę w to (bo jestem wierząca), że możesz wpłynąć na swoje życie, że masz dostępne do tego narzędzia (np. serce). Możesz sprawić, że będziesz dłużej młoda. Wierzę też, że język ludzkiego serca może uzdrowić separację, która doprowadziła Cię do kryzysu, w jakim jesteś.

A patrząc w lustro, nie patrz na szczegóły (zmarszczki, obwisłości, brak jędrności). Popatrz na człowieka, którego widzisz, spójrz w swoje oczy. Popatrz na osobę, którą jesteś. Patrz na całość. Inni ludzie też patrzą na Twoją całość, oni nie widzą tych szczegółów, których Ty się czepiasz. Oni widzą Ciebie. I bardziej ich interesuje to, kim Ty jesteś, jak się zachowujesz, co mówisz, niż szczegóły Twojej twarzy – jestem tego pewna. Czy jest to logiczne?

I właściwie od Ciebie zależy, czy zobaczysz w lustrze starą pomarszczoną kobietę, czy może ciekawą świata, piękną wewnętrznie i niepowtarzalną osobę.[1]

---

[1] zadanie 56

Kiedy życie okazuje się najlepszym nauczycielem

Nauczyłam się ostatnio wiele o sobie. Doświadczyłam wiele i dojrzałam nieco. Polubiłam się bardziej i lepiej się ze sobą dogaduję. Życie uczy. Myślę, że ten mój kryzys był mi bardzo potrzebny. Teraz, tak to widzę, że miał wielki sens. Mam nadzieję, że i Tobie ten mój kryzys się przydał. Bez niego, byłabym tam, gdzie byłam, a tam nie było fajnie. Bez niego nie rozumiałabym dogłębnie wielu dramatów ludzkich. Bez niego nie napisałabym tej książki. Bez niego nie rozwinęłabym się tak i nie użyłabym swojej odwagi. Rozbiło się szkło, które było między mną a światem. Tak się odgradzałam nieświadomie od rzeczywistości. Szkło trochę mnie poraniło przy katastrofie rozbicia, ale teraz leczę rany i nic mnie nie odgradza od tego, co piękne. Już krew zmyta, rany zabliźnione, jeszcze jestem lekko obolała, ale mogę żyć dalej.

Nigdy tak blisko siebie nie byłam. Dawno tak spokojnie się nie czułam. Dawno tak się nie śmiałam, dawno tak nie tańczyłam, dawno tak dobrze nie spałam. Dawno tak mało nie chciałam, dawno tak sobie nie odpuszczałam, dawno nie byłam tak zaopiekowana.

A tu przychodzi mi na myśl bogini Psyche – personifikacja duszy ludzkiej, przedstawiana jako młoda dziewczyna ze skrzydłami motyla. Psyche była symbolem nieśmiertelnej duszy. Drugie znaczenie imienia Psyche, czyli motyl, odwołuje się do folkloru, gdzie tak właśnie przedstawiano czasem dusze zmarłych. *Po nieszczęsnej nocy, gdy Psyche za namową sióstr sprawdzała, jak wygląda jej mąż i oparzyła go gorącą oliwą, dziewczyna była zrozpaczona. Gdy bogini miłości odnalazła Psyche, od razu rozpoczęła wymierzanie jej kary. Postanowiła, że będzie dawać dziewczynie tak ciężkie i niemożliwe do wykonania prace, że ciągle będzie miała pretekst do przedłużania kary w nieskończoność.* Psyche była ziemską księżniczką, która poprzez wykonanie wielu trudnych zadań, w imię miłości, w rezultacie stała się boginią na Olimpie. Psyche[1] popełniała błędy, a życie jej nie rozpieszczało. Pomimo tego nie poddawała się i szła do przodu, była bardzo odważna, chociaż wielokrotnie myślała o tym, żeby sobie odebrać życie.

---

[1] więcej o bogini Psyche – https://pl.wikipedia.org/wiki/Psyche_(mitologia)

Kiedy zastanawiasz się, co po sobie pozostawisz

A teraz wiem, że po sobie chcę zostawić fajne wrażenie. Chcę być ciepłym wspomnieniem w myślach najbliższych. Chcę być wsparciem dla innych, nawet jak odejdę. Chcę, żeby czuli, że kochałam i żeby czuli, że kocham nadal. Chcę, żeby wiedzieli, że udało mi się dobrze przeżyć życie i że udało mi się czerpać z niego radość garściami. Chcę, żeby mieli w pamięci moją uśmiechniętą twarz, żeby słyszeli mój zaraźliwy śmiech, żeby lekko im się robiło na sercu na myśl o mnie, a nie ciężko. A żeby tego dokonać, już wiem, co mam robić.

Nie kręci mnie obraz zapracowanej nieszczęśliwej kobiety. Nikogo chyba nie kręci.

I żyła krótko i szczęśliwie

Imoże krótko pożyję, bo już nie jestem taka młoda, ale ważne, żeby sensownie i szczęśliwie. A wczoraj miałam ciekawe trudne doświadczenie. Bardzo źle się poczułam. Miałam takie objawy i takie wrażenie, jakbym zaraz miała mieć udar mózgu. Znam to i znam objawy. Miałam w życiu trzy takie stany przed udarowe. A może to były mikro udary? No, niestety nie wiem, bo nie zbadałam się wtedy. Nie lubię szpitali i bałam się interwencji medyków. Wczoraj poczułam, że mogę zniknąć z tego świata w mgnieniu oka. Pomyślałam, że może mnie tu za chwilę nie być. Z tej perspektywy popatrzyłam na siebie i swoje problemy i rozjaśniło mi się nieco myślenie. Mam dziś dużo wdzięczności w sobie, że żyję. Zastosowałam ćwiczenie z sercem i odpłynęłam na kilka chwil w kosmos i bardzo mnie to wyciszyło. Kto wie, może nawet spowodowałam zmniejszenie ciśnienia krwi? Wszystkie objawy ustąpiły, ale wzięłam na dziś wolne z pracy, żeby odpocząć. Miałam ostatnio trochę stresów, nagromadziły się w kilka dni, one tak lubią, zbierają się i występują chętnie grupami lub chociaż parami. Organizm się przeciążył i nie wytrzymał napięcia. Potrzebuję odpoczynku. To sygnały płynące z mojego wnętrza. Już nie jestem taka młoda, powinnam siebie uważniej traktować. I obiecuję sobie i Tobie, że pójdę do lekarza, przebadać głowę. Tego nikt nie robi profilaktycznie, zawsze czekamy na poważne problemy, zanim udamy się na badanie głowy. A może Ty masz coś do przebadania? Może zwlekasz z czymś? Jeśli nie chcesz, żeby się rozwijało, coś w Tobie, bez Twojej wiedzy, to zrób badania, uspokój serce, albo zacznij leczenie, jak będzie taka potrzeba.

Jeśli mogę umrzeć w każdej chwili, to, póki żyję, mogę w każdej chwili żyć. O proszę, jak mi się mądrze powiedziało!

I wiem, że ideału nie będzie. Nie będzie wiecznego szczęścia i spokoju. Wiem, że będą kłopoty i problemy. Wiem, że czasem będę płakała. Wiem, że mogę żyć dalej, i chyba trochę bardziej, niż kiedyś, wiem, jak to robić.

Wczorajszą sobotę przepłakałam, myśląc o mnie i o moim mężu, o naszym dramacie, wspominając dobre czasy. Łzy nie chciały się zatrzymać. Pozwoliłam sobie na te łzy. Dzisiejsza niedziela przyniosła wiele radości. Najpierw posprzątałam, a potem odwiedziły nas dwie duże i dwie małe kobiety. Spędziliśmy czas hyggując beztrosko i radośnie. Idę spać z czystą podłogą i czystymi myślami. Ach, życie. :-)

Koniec listu

Po tym, jak napisałam to zdanie: Ach życie i myślałam, co jeszcze mam napisać, poszłam do toalety. A tu niespodzianka. Właśnie rozpoczął się u mnie kolejny cykl księżycowy. Nie ma jak kontakt z Księżycem w łazience. I już wiedziałam, że to taki niebanalny koniec tego listu do Ciebie. :-)[1]

Jeśli chciałabyś odpisać mi na list, oto mój adres:
sikorka.flow@gmail.com

Jeśli chciałabyś mnie zobaczyć i posłuchać – zapraszam na mój kanał na YouTubie:
Sikorka Flow: https://youtube.com/c/SikorkaFlow

Jeśli chciałabyś zakupić inne moje pozycje, zapraszam na platformę Amazon.

---

[1] zadanie 57 i 58

Przypisy

Kiedy dopada Cię jednocześnie kryzys wieku średniego...
https://pl.wikipedia.org/wiki/Kryzys
https://opoka.org.pl/biblioteka/T/TS/wam_2012_pokonaj_ kryzys_02.html

Kiedy piszesz scenariusz swojego życia
https://www.gallup.com/cliftonstrengths/en/home.aspx

Kiedy czytasz jawę i dostajesz dzika
www.taraka.pl

Kiedy widzisz związek między kobietą a mężczyzną
https://pl.wikipedia.org/wiki/Mars
https://pl.wikipedia.org/wiki/Wenus
www.news.astronet.pl
https://pl.wikipedia.org/wiki/Mars_(mitologia)

Kiedy jesteś wdzięczna, że już nie jesteś młoda
https://pl.wikipedia.org/wiki/Dehydroepiandrosteron

A teraz podziękowania – czyli nudy, ale nie dla wszystkich

Serdeczne i z całego serca dziękuję za wsparcie i udział w kryzysie, za inspiracje do nowego życia i do napisania tej książki:

Bliskim sercu kobietom:

Adze, Agnieszce, Agnieszce, Ani, Ani, Ani, Ani, Asi, Asi, Asi, Danusi, Darii, Dominice, Dominice, Dorotce, Dziewance, Edytce, Elizie, Ewie, Ewie, Małgosi, Ifci. Inie, Julicie, Justynce, Kamili, siostrze Kasi, Kindze, Magdzie, Magdzie, Martuszce, Marii, Marysi, Marzenie, Milenie, Moni, Natalii, Nataszce, mamie Tereni, Wiesi, Violi, babci Zosi

Ułożyłam Was alfabetycznie, bo inaczej się nie dało ;-) Słuchałyście mnie po wielokroć, cierpliwie i bez oceniania, czułam się przy Was otulona kocykiem miłości i przyjęta w całości taka, jaka jestem – to wielki dar, Was mieć i czuć, i korzystać z Waszej kobiecej mądrości. Niektóre z Was były ostatnio dalej w moim życiu, ale we wspomnieniach i w sercu jesteście bardzo blisko.

Bliskim sercu i ważnym, w moim życiu mężczyznom:

Tacie Januszowi, Pawłowi, Filipowi, Nikosiowi, Julkowi, Danemu, Michałowi, Edwinowi, Maćkowi, Markowi, Suchemu, Olafowi, Piotrowi, Stefanowi, Patrykowi, Maćkowi, Colinowi, Danielowi, Danielowi, Rysiowi, Maćkowi, Grzegorzowi

Wspieranym w czasie mojego kryzysu kobietom i mężczyznom:

Alicji, Ani, Ani, Basi, Beacie, Bogdanowi, Dominice, Grażynce, Iwonie, Irence, Justynce, Kasi, Leszkowi, Magdzie, Magdzie, Małgorzacie, Marysi, Marzenie, Natalii, Natalii, Oli, Paulinie, Rafałowi, Sybilli

Byliście ze mną podczas kryzysu, nie wiedząc o tym, ale dawaliście mi nieświadomie wiele wsparcia i inspiracji. Bardzo możliwe, że odnajdziecie tu strzępki naszych rozmów. Wasza praca i odwaga dodawała mi sił. Życzę Wam wytrwałości w podążaniu w życiu własną drogą.

Ponadto:

– Mężczyźnie mojego poprzedniego życia, za wielką miłość, piękny wspólny czas, cierpliwość i niesamowite ojcostwo
– Elizie, za wsparcie poprzez pracę metodą One Brain
– ukochanej babci Zosi, za wielkie wsparcie z innego świata
– pani Ani, za sesje terapeutyczne
– pani doktor Ewie Dąbrowskiej, za dietę owocowo-warzywną
– Kręgowi Kobiet z naszego terenu (wszystkim mądrym kobietom, które otwierają swoje piękne i wrażliwe serca na kręgu)
– Ośrodkowi Leczenia Uzależnień Radzimowice w Szklarskiej Porębie za 17-letnią współpracę, naukę i doświadczenie zawodowe – polecam to miejsce na terapię uzależnienia
– Kolegom i koleżankom z Poradni Leczenia Uzależnień w Szpitalu MSW w Jeleniej Górze za ogromną życzliwość i super klimat w pracy
– wszystkim kobietom, które pracowały ze mną kiedykolwiek, indywidualnie oraz podczas moich warsztatów "Kobiece Przestrzenie" (w Jeleniej Górze, we Wrocławiu, na Skypie, w ośrodku w Szklarskiej Porębie i w Skarżysku-Kamiennej przy Stowarzyszeniu Trzeźwościowym Kamienna). Dziękuję za zaufanie i otwarcie prawdziwej siebie, delikatnych sfer, bolesnych spraw, za kobiecy wdzięk, za wzruszające chwile i za wesołe momenty. To była dla mnie wielka przyjemność być z Wami i towarzyszyć Wam w Waszym rozwoju. To dzięki Wam, jestem tym, kim jestem. To dzięki Wam i moim bliskim kobietom napisałam tę książkę.
– Basi i Jackowi Rydlewskim oraz Magdzie Beszłej, za szkołę psychoterapii, akceptację, niesamowity klimat, terapię własną oraz superwizję
– Zosi Sobolewskiej, za terapię dawno temu w Warszawie
- Karolinie i Jarkowi za piękne miejsce na gabinet i fantastyczny klimat w pracy
– Kobietom od urody, które pielęgnują i dodają młodości różnym elementom mojego ciała (Edytce, pani Kasi, Beatce, Milence)
– Matce Ziemi i Ojcu Wszechświecie, za piękny dom dziękuję!
– Księżycowi, za światło i znaki
– Bogu, za miłość i istnienie

Osobom z internetu i innych mediów:

– Akademii Fotografii Dziecięcej – za piękny wspólny czas i niesamowitą społeczność kobiet cudownie fotografujących naszą rzeczywistość i nasze dzieci
– Aurorze z Norwegii za cudowną muzykę i śpiew,
– Barbarze Jurdze i Ba-ha-art za całą ją i jej mądrość,
– Comie za płytę Pierwsze wyjście z mroku (która pomagała mi wychodzić z mojego mroku),
–Imagine Dragons za piosenkę i teledysk Bad Liar,
–Jurkowi Owsiakowi za ogromne serce oraz integrację Polaków w dobrej sprawie (trochę bez związku, ale porusza mnie ogromnie siła i dobro tego człowieka),
– Kari Amirian za niesamowitą muzykę i krótkie osobiste spotkanie po koncercie w Łodzi,
– Lao Che, za strawę intelektualną i niebanalne rozmowy przy ich muzyce z moimi synami, o Bogu, człowieku i społeczeństwie,
– Markowi Jankowskiemu – autorowi podcastu Mała Wielka Firma za inspiracje w biznesie i nie tylko oraz za to, jakim jest serdecznym mężczyzną,
– Metallice za wyśmienity koncert w Krakowie w 2018 roku,
– Michałowi Szafrańskiemu za myślenie o finansach, za zaufanie, jako nowej walucie oraz za to, kim jest, przekraczając granice i tworząc dla nas nową rzeczywistość, nie tylko w sferze finansów,
– Katarzynie Miller za wszystkie książki, kobiecą siłę i mądrość,
– Okuniewskiej z Reykjaviku za piękne szaleństwo, odwagę i autentyczność,
– Twórcom serialu dokumentalnego Przedziwna planeta Ziemia,
– Dzikiej kobiecie – Annie Rogowskiej za jej energię i spotkania
– Greggowi Bradenowi, za jego wykłady i niepopularną wiedzę
– Trójce (aktualnie Radio Nowy Świat) – Polskiemu Radiu za muzykę i klimat!
– Szczególnie serdecznie dziękuję wydawnictwu Limitless Mind Publishing za pracę nad wydaniem tej książki. Dziękuję: Asi, Kasi, Pati, Wojtkowi, Izie, Beatce, Ani i Mariuszowi. Spotkałyśmy się z Asią Sosnówką (czyli dwie sikorki się spotkały) w magicznych okolicznościach i współpraca nasza pięknie się układała. To była i jest niesamowita przygoda. Dziękuję Wam za cierpliwość i za mądre uwagi korektorskie.

Autorom książek:

Które przeczytałam i polecam innym, z których korzystałam, przeżywając swój kryzys i pisząc tę książkę. To, co napisałam ja, miesza się z tym, co przeczytałam w wielu książkach, znalazłam w sieci, podsłuchałam w rozmowach. Przepraszam, jeśli użyłam czyichś słów, nie cytując ich dokładnie. Nie miałam głowy, żeby ogarniać ten temat od strony naukowej czy merytorycznej. Mam nadzieję, że nikt nie poczuje się urażony, że został zmieszany w mojej głowie, w taki oto sposób. Oto moje lektury dla Ciebie, moje inspiracje, moje wsparcie, czytane przeze mnie w takiej właśnie kolejności:

– A ja, żem jej powiedziała – Katarzyna Nosowska
– Aspergirls – Rudy Simone
– Chcę być kochana, tak jak chcę – Katarzyna Miller
– 5 języków miłości – Greg McKeown
– Wysoko wrażliwi – Elaine Aron
– Życiologia – Miłosz Brzeziński
– Twoje drugie życie zaczyna się, kiedy zrozumiesz, że życie jest tylko jedno – Raphaelle Giordano
– Wysoko wrażliwi i miłość – Elaine Aron
– Sztuka sprzątania – Marie Kondo
– Nigdy nie jest za późno. Jak czerpać siłę z przeciwności losu – Pema Chodron
– Życie jest fajne – Katarzyna Miller i Małgorzata Szcześniak
– Wielka magia – Elizabeth Gilbert
– Tęsknota silnej kobiety za silnym mężczyzną – Maja Storch
– Jak przezwyciężyć życiowy kryzys – Alan Downs
– Praca głęboka – Cal Newport
– Dobre ciało – Eve Ensler
– Ona ma siłę – Iwona Wiśniewska
– Jak mniej myśleć – Christel Petitcollin
– Rusz z miejsca – Pema Chodron
– Mężczyzna pozwala kochać. Głód kobiety – Wilfried Wieck
– Boginie w każdej kobiecie – Jean S. Bolen
– Sztuka życia – Bob Proctor
– Bogate życie – Beau Henderson
– Rosnąc w siłę – Brene Brown
– Bogaty ojciec, biedny ojciec – Robert Kiyosaki
– Dieta warzywno–owocowa dr Ewy Dąbrowskiej – Beata Anna

Dąbrowska
- Holistyczne podejście do życia – Grzegorz Cieślik
- Stanowczo, łagodnie, bez lęku – Maria Król-Fijewska
- Jak się nie rozstać, a jeśli rozstać, to jak? – Katarzyna Miller i Suzan Giżewska
- Żyć w rodzinie i przetrwać – Robin Skynner i John Cleese
- Jak kochać i być kochanym – John Powell
- Dary niedoskonałości – Brene Brown
- Wrażliwość: dar czy przekleństwo – Ilse Sand
- Być parą i nie zwariować – Katarzyna Miller i Andrzej Gryżewski

(Przeczytałam jeszcze, w międzyczasie, trochę młodzieżowej literatury, która jest dla mnie totalnym relaksem, np. Susanne Collins, i jeszcze trochę innych książek np. biznesowych czy fotograficznych, których tu nie wypisałam, bo są nie w temacie)

Napiszę jeszcze to, co pamiętam, że przeczytałam kiedyś i bardzo polecam:

- Biegnąca z wilkami – Clarissa P. Estes
- Czerwony namiot – Anita Diamant
- Sztuka prostoty – Dominique Loreau
- Kup kochance męża kwiaty – Katarzyna Miller
- Bajka to życie albo z jakiej bajki jesteś – Wojciech Eichelberger i Agnieszka Suchowierska
- Siedem boskich pomyłek – Wojciech Eichelberger
- Kobieta bez winy i wstydu – Wojciech Eichelberger
- Seksownik, czyli mądrze i pikantnie – Katarzyna Miller i Beata Pawłowicz
- Powrót do swego wewnętrznego domu – John Bradshaw
- Hygge. Duńska sztuka szczęścia – Marie T. Soderberg

Na koniec dziękuję sobie:

Nie to, że stawiam siebie na szarym końcu. Od jakiegoś czasu jestem dla siebie pierwsza i zaczynam się tego nie wstydzić. Dziękuję Ci Eve za to, że jesteś ze mną od samego początku, za przyjaźń, za miłość. Za wspólny czas na tej Ziemi. Nie było nam łatwo, ale jesteśmy razem i razem tworzymy nasz piękny wewnętrzny świat. Dziękuję, że zrealizowałaś marzenie małej dziewczynki i zostałaś psychologiem. Wtedy jeszcze nie wiedziałaś, że tak to się nazywa. Wtedy czułaś, że rozumiesz ludzi i że masz jakiś niesamowity dar słuchania innych i wchodzenia na głęboki poziom ich problemów i spraw. Wiedziałaś, że to Twoja ścieżka życiowa. Dziękuję, że wreszcie zaczęłaś słuchać siebie i swojej intuicji. Dziękuję za niesamowity czas spędzony, przy tworzeniu tej książki. Jesteś niesamowitą osobą. Kocham Cię i chciałabym się przy Tobie rozwijać, a potem zestarzeć.